逻辑思维训练

500题

数学思维篇

于雷◎编著

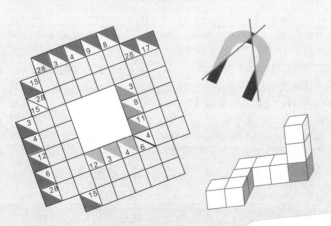

清华大学出版社

北京

U0275060

内 容 简 介

本书精心汇编了世界上经典好玩的数学思维游戏 500 例，内容涵盖概率、几何、逻辑、运算等方面，通过通俗易懂的形式表现，充分调动孩子们的学习热情，寓教于乐，可以快捷提高孩子们的数学学习能力。这里没有枯燥的公式，也没有难解的习题，而是用最简单的方式，带孩子们领略奇妙的数学世界。通过游戏提高思维能力，进而提高孩子们的学习能力，在游戏中充分挖掘孩子们的大脑潜能，一举多得。

本书的适读人群包括：①广大青少年，尤其是对数理化缺乏兴趣的孩子；②想要改变思维方式，提高逻辑思维能力的年轻人；③对逻辑与数学感兴趣，渴望给头脑充电的人。

图书在版编目(CIP)数据

逻辑思维训练 500 题. 数学思维篇/于雷编著. —北京：清华大学出版社，2024.3
ISBN 978-7-302-65506-0

Ⅰ. ①逻… Ⅱ. ①于… Ⅲ. ①逻辑思维—思维训练 Ⅳ. ①B80

中国国家版本馆 CIP 数据核字(2024)第 038305 号

责任编辑：张　瑜
装帧设计：杨玉兰
责任校对：李玉茹
责任印制：沈　露
出版发行：清华大学出版社

网　　　址：https://www.tup.com.cn, https://www.wqxuetang.com
地　　　址：北京清华大学学研大厦 A 座　　　邮　　编：100084
社 总 机：010-83470000　　　邮　　购：010-62786544
投稿与读者服务：010-62776969, c-service@tup.tsinghua.edu.cn
质量反馈：010-62772015, zhiliang@tup.tsinghua.edu.cn

印 装 者：天津鑫丰华印务有限公司
经　　销：全国新华书店
开　　本：170mm×240mm　　　印　　张：15.5　　　字　　数：292 千字
版　　次：2024 年 3 月第 1 版　　　印　　次：2024 年 3 月第 1 次印刷
定　　价：59.00 元

产品编号：102561-01

前言

　　思维能力是人类认识世界的一种高级能力，能体现出一个人的智力水平。思维过程就是人们推理判断、解决问题的过程。而在游戏中培养和锻炼思维能力，无疑是提高智力极好的方式。本书以轻松休闲的方式全方位地调动读者的数学细胞，让读者重新了解数学的奥妙，学会欣赏数学之美，并提高运用数学思维解决问题的能力。

　　著名科学家霍金曾经说过，有一个聪明的大脑，你就会比别人更接近成功。而思维能力是一个聪明的大脑所必须具备的核心能力。有针对性地培养解决问题的能力、创造性的思维习惯和良好的思维方式，远比牢记学科知识更重要。

　　数学思维游戏从兴趣入手，涉及算术类、几何类、组合类、推理类、创造类、观察类、想象类、文字类等形式，让人们在游戏中有效地锻炼思维，迅速提高观察力、判断力、推理力、想象力、创造力、分析力、计算力、语言力、反应力、记忆力等各种思维能力，增强对知识体系的了解和把握，把被动学习变成积极主动地投入。在游戏中，思维习惯、思维能力得到潜移默化的提升，从而达到事半功倍的效果。

　　本书数学思维游戏都经过了精心的选择和设计，集知识性、趣味性、科学性、实用性于一体，每一个游戏都极具代表性和独特性，内容丰富、难易有度、形式活泼，并且通过趣味数学、数字分析、经典名题、天才计算、奥数精选、图形规律、数字迷宫七个方面多元启迪、活跃思维，进而锻炼读者综合运用数学、几何学、逻辑学、运筹学、概率论等多方面知识的能力，最大限度地开发大脑潜能，提高数学思维能力。通过这些游戏，读者不仅可以获得解题的快乐和满足感，还能从不同的视角，掌握解决问题的好思路、好方法和人类思维宝库中最有用的黄金思维，更重要的是可以逐步形成解决问题、辨别真伪、开拓创新的思维体系。

　　人的大脑中蕴藏着无尽的宝藏，大多没有被充分利用。数学思维游戏是锻炼思维能力、提高智力水平的重要方法之一，它不但能够帮助发掘个人潜能，而且能使人感到愉快，是开启智慧大门的金钥匙。

编　者

目录

第六章　图形规律 103

第七章　数字迷宫 127

第一章

趣味数学

1. 分苹果

甲、乙、丙三家住在同一层楼里，他们共同打扫走廊的卫生。他们约定，每家 3 天轮流打扫。但是，由于丙家里有事，没有时间打扫，楼梯就由甲、乙两家代替打扫。这样甲家打扫了 5 天，乙家打扫了 4 天。丙回来以后就买了 9 斤苹果表示感谢。

请问：丙应该怎样分配这 9 斤苹果才算合理呢？

2. 神奇的规律

(1) 观察下列两个等式的规律。

① 12×42=21×24

② 13×62=31×26

(2) 利用你所发现的规律，再写出 3 个类似的等式(两数皆为两位数)。

(3) 若两数皆为两位数，请说明满足此规律的等式条件，并列出所有满足此规律的等式。

3. 摘了多少桃子

一只小猴子跑到果园里摘桃子，不一会儿就摘到了好多，它很高兴，背起来就往家走。可是没走几步，就被山神拦住了，山神说这片果园是他的，见面要分一半。

小猴子无奈，只好分了一半桃子给山神。

分完以后，山神看见小猴子的包里有一个特别大的桃子，又拿走了那个桃子。

小猴子很生气，背着桃子悻悻地走了。

没走多远，小猴子又被风爷爷拦住了，同样，风爷爷也从小猴子的包里拿走了一半外加一个桃子。

之后，小猴子又被雨神、雷神、电神用同样的办法拿走了桃子。等小猴子到家的时候，包里只剩下一个桃子了。

小猴子委屈地向妈妈诉说自己的遭遇。妈妈问它原来有多少个桃子，小猴子说他也不知道。但妈妈算了一下，很快就知道小猴子原来有多少个桃子了。

请问：你知道小猴子原来有多少个桃子吗？

4．是赚了还是赔了

有一位书商收购了两本旧书，后来又以每本 60 元的价格卖掉了。其中的一本赚了 20%，另一本赔了 20%。请问：这位书商是赚了，赔了，还是持平了？

5．梨

3 箱苹果质量为 45 千克，一箱梨比一箱苹果多 5 千克，3 箱梨质量为多少千克？

6．兴趣小组

学校组织两个课外兴趣小组去郊外活动。第一小组每小时步行 4.5 千米，第二小组每小时步行 3.5 千米。两个小组同时出发 1 小时后，第一小组停下来参观一个果园，用了 1 小时，再去追第二小组。请问：第一小组多长时间能追上第二小组？

7．损坏的玻璃

某玻璃厂托运玻璃 250 箱，合同规定每箱运费为 20 元，如果损坏一箱，不但不付运费，还要赔偿 100 元。运后结算时，共付运费 4400 元。请问：托运中损坏了多少箱玻璃？

8．鞋子装箱

某鞋厂生产 1800 双鞋，把这些鞋分别装入 12 个纸箱和 4 个木箱。如果 3 个纸箱与 2 个木箱装的鞋同样多，那么每个纸箱和每个木箱各装多少双鞋？

9．一桶油

一桶油连桶质量共有 10 千克，倒出一半后，油和桶的质量共 5.5 千克，原来有油多少千克？

10．生产水泥

水泥厂原计划 12 天完成一项任务，由于每天多生产水泥 4.8 吨，结果 10 天就完成了任务。请问：原计划每天生产水泥多少吨？

11．百米赛跑

甲、乙、丙三人参加百米赛跑，当甲、乙一起比赛的时候，甲跑到终点时，乙还差 10 米到终点；当乙、丙一起比赛的时候，乙跑到终点时，丙还差 10 米到终点。现在甲和丙一起比赛，请问：当甲到达终点时，丙还差几米到达终点呢？

12．取黑、白球

盒子里有同样数目的黑球和白球。每次取出 8 个黑球和 5 个白球，取出几次以后，黑球没有了，白球还剩 12 个。请问：一共取了几次？盒子里共有多少个球？

13．五个正整数

五个一位的正整数之和为 30，其中一个是 1，一个是 8，而这五个数字的乘积是 2520。

□＋□＋□＋1＋8＝30

□×□×□×1×8＝2520

你能说出余下的是哪 3 个数字吗？

14．好心人与乞丐

一个好心人走在街上，遇到了一个乞丐，这个好心人就把口袋里所有钱的一半加上 1 元钱给了乞丐；然后继续向前走，走着走着，又遇到了一个乞丐，他就把口袋里所有钱的一半加上 2 元钱给了他；然后他又遇到了第三个乞丐，同样，他把口袋里所有钱的一半加上 3 元钱给了他。这样一来，他的口袋里就只剩下 1 元钱了。

请问：开始时他的口袋里有多少元钱？

15．玻璃球

小明和小亮各有一些玻璃球，小明说："你的球的个数比我的少 1/4。"

小亮说："你要是能给我你的 1/6，我就比你多 2 个了。"

请问：小明原有玻璃球多少个？

16. 酒精纯度

甲种酒精纯度为72%，乙种酒精纯度为58%，混合后纯度为62%，如果每种酒精取的数量比原来多15升，混合后纯度为63.25%。请问第一次混合时，甲、乙两种酒精各取了多少升？

17. 漂亮的姑娘

小陈是一位聪明漂亮的姑娘，很多男孩子想追求她。在一次聚会上，有人问小陈的年龄。通常女孩子的年龄都是保密的，所以小陈只给出了一些提示，而没有说出确切的年龄。

现在我们知道，小陈的年龄有如下特点。

① 它的3次方是一个四位数，而4次方是一个六位数。

② 这四位数和六位数的各位数字正好是0~9中的数字。

请问：通过以上条件，你能猜出她今年多少岁吗？

18. 毛笔画画

一个人用毛笔画大三角形，如左下图所示。已知他每画一个如右下图所示的四个小三角形，需要重新蘸一次墨水。请问：他画完整个图形需要蘸几次墨水？

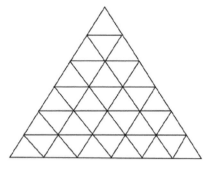

19. 沙漏计时器

据说，鸡蛋煮得过生或者过熟都会影响鸡蛋中营养成分的吸收。假设煮鸡蛋最恰当的时间是5分钟，但你手上只有一个4分钟的沙漏计时器和一个3分钟的沙漏计时器，该怎样做才能用这两个计时器确定5分钟的时间呢？

20．三个孩子

有甲、乙、丙三个孩子，他们是好朋友，经常在一起玩，相互之间还会交换玩具。

一次，他们又在一起交换玩具了。只听三个人分别说了如下一句话。

甲对乙说："如果我用 6 个玩具换你 1 个，那么你的玩具数就是我的 2 倍。"

丙对甲说："如果我用 14 个玩具换你 1 个，那么你的玩具数将是我的 3 倍。"

乙对丙说："如果我用 4 个玩具换你 1 个，那么你的玩具数将是我的 6 倍。"

从这些孩子的对话中，你能说出他们原来各有多少个玩具吗？

21．摩托车带人

有 10 个人要从城市 A 出发去往城市 B。他们只有一辆摩托车(最多可以两个人一起骑)。

已知 A、B 两地相距 1000 千米，骑车速度为 100 千米/小时，步行速度为 5 千米/小时。

请问：让 10 个人都到达城市 B，最少要花多长时间？

22．房地产开发

在某个城市假定只有一家房地产开发商 A，我们知道任何没有竞争的垄断都会获得极高的利润，假定 A 此时每年的垄断利润是 10 亿元。

现在有另外一家企业 B 准备从事房地产开发。

面对着 B 要进入其垄断的行业，A 想：一旦 B 进入，我的利润将受损很多，B 最好不要进入。因此 A 向 B 表示：你进入的话，我将阻挠你进入。假定当 B 进入时 A 阻挠的话，A 的利润降低到 2 亿元，B 的利润是-1 亿元。而如果 A 不阻挠的话，A 的利润是 4 亿元，B 的利润也是 4 亿元。

这是房地产开发商之间的博弈问题。

A 的最好结局是"B 不进入"，而 B 的最好结局是"进入"而 A"不阻挠"。

但是，这两个结局却不能同时得到。

那么结果是什么呢？

A 向 B 发出威胁：如果你进入，我将阻挠。而对 B 来说，如果进入，A 真的阻挠的话，它将受损失 1 亿元(假定 1 亿元是它的机会成本)，当然此时 A 也有损失。

对于 B 来说，问题是：A 的威胁可信吗？

23．需要多少只猫

如果 5 只猫在 5 分钟内可以抓 5 只老鼠，那么，100 分钟要抓 100 只老鼠，需要多少只猫？

24．歌舞晚会

学校举办歌舞晚会，共有 80 人参加了表演。其中，唱歌的有 70 人，跳舞的有 30 人。请问：既唱歌又跳舞的有多少人？

25．肥肉和瘦肉

有夫妻两人，他们都非常喜欢吃肉。

但是他们吃肉有以下特点。

① 丈夫在有瘦肉的时候只吃瘦肉。

② 妻子在有肥肉的时候只吃肥肉。

现在知道：

① 如果两个人一起吃，60 天可以吃完一桶肥肉。

② 如果让丈夫自己吃，他能吃 30 个星期。

③ 如果两个人一起吃，8 个星期可以吃完一桶瘦肉。

④ 如果让老婆自己吃，她能吃 40 个星期。

试问：他们夫妻两人一起吃，把一桶一半是瘦肉、一半是肥肉的混合肉吃完，要花费多少时间？

26．春游

五年级第一中队和第二中队要到距学校 20 千米的地方去春游。第一中队步行每小时前行 4 千米，第二中队骑自行车，每小时前行 12 千米。第一中队先出发 2 小时后，第二中队再出发，第二中队出发后几小时才能追上第一中队？

27．硬币数目

三个孩子想合伙买一个玩具，他们把衣兜里所有的钱都掏出来，看看一共有多少钱。结果一共有 3 元 2 角钱的硬币。其中有两枚硬币是 1 元的，两枚是 5 角的，两枚是 1 角的。每个孩子所带的硬币中没有两枚是相同面值的。而且，没带 1 元硬币的孩子也没带 1 角的硬币，没带 5 角硬币的孩子也没带 1 元的硬币。

你知道这三个孩子原来各自带了什么面值的硬币吗？

28．合伙买啤酒

四个人打算合伙买啤酒，到了商店之后，发现四个人带的钱数各不相同，其中甲的钱数加上 3 元等于乙的钱数减 3 元，等于丙的钱数乘以 3，等于丁的钱数除以 3。而四个人的钱数一共是 112 元。请问：每个人分别带了多少钱？

29．卖报纸

一天，某报刊亭一共卖掉 50 份《日报》，60 份《晚报》，70 份《晨报》。其中有 14 个人买了《晚报》和《晨报》，12 个人买了《日报》和《晚报》，13 个人买了《日报》和《晨报》。还有 3 个人三种报纸都买了。请问：这一天一共来了多少名顾客？

30．李白喝酒

李白去买酒，提壶街上走。
遇店加一倍，见花喝一斗。
三遇店与花，喝光壶中酒。
试问酒壶中，原有多少酒？

31．密码

一个人在银行开立了一个账号，需要设定一个密码。密码为 4 位，前两位是字母，需要从 26 个英文字母中选择；后两位是数字，需要从 0～9 这十个数字中选择。请问，他的密码有多少种可能性？

32．填数字

把数字 1～9 九个数字填入到下面的空格中，使得它们组成 5 个数字(其中，两个一位数，两个两位数，一个三位数)，且中间的三位数分别等于两边两个数的乘积。你知道该怎么填吗？

□×□□=□□□=□□×□

33．四份糖果

爸爸买回来 45 块糖果，并对明明说："如果你能把这些糖果分成 4 份，并且使第一份加 2，第二份减 2，第三份乘 2，第四份除 2 所得的结果一致，你就可以吃这些糖果了。"

如果你是明明，你该怎么分呢？

34．等式成立

能否在下式的□中填入适当的"+""-"符号，使等式成立？
9□8□7□6□5□4□3□2□1=28

35．连续偶数

5个连续偶数的和是240，这5个偶数分别是多少？

36．黄色卡片

盒子里装着分别写有1, 2, 3, …, 134, 135的红色卡片各一张，从盒中任意摸出若干张卡片，并算出这若干张卡片上各数的和除以17的余数，再把这个余数写在另一张黄色的卡片上放回盒内，经过若干次这样的操作后，盒内还剩下两张红色卡片和一张黄色卡片，已知这两张红色的卡片上所写的数分别是19和97，求那张黄色卡片上所写的数。

37．玩扑克牌

甲、乙、丙、丁4人玩扑克牌，甲把"大王"插在53张扑克牌中间，从上面数下去是第37张牌，丙想了想，就很有把握地第一个抓起扑克牌来，最后终于抓到了"大王"，你知道丙是怎么算出来的吗？

38．星期几

今天是星期六，再过 1000 天是星期几？

39．如何分钱

甲、乙两人合伙做生意，甲投入的资本是乙的 1.5 倍。每个人占有的股份与自己投入的资本成正比。这时，丙也要入伙，他拿出了 250 万元来投资。但是，甲、乙、丙想让他们三个人占有的股份都相等，所以决定将这 250 万元由甲、乙两人瓜分，使得最终三人的股份正好相同。那么，他们该如何分这笔钱呢？

40．金砖

一个财主一生赚钱无数，临死时他将所有财产都换成了黄金，并且用这些黄金打造成了四块正方体的金砖，四块金砖的边长分别是 3 厘米、4 厘米、5 厘米和 6 厘米。财主打算把这四块金砖平均分给他的两个儿子，请问该怎样分。

41．有多少个 7

你能算出 0～99 的 100 个数字中，共有多少个"7"吗？

42．两数之和

如果一个四位数与一个三位数的和是 1999，并且四位数和三位数是由 7 个不同的数字组成的。那么，这样的四位数最多能有多少个？

43．经理的司机

陈经理的司机每天早上 7 点 30 分到陈经理家接他去公司上班。有一天，陈经理早上 7 点从家里出发步行去公司，路上遇见按时来接他的车，随即乘车去公司，结果比平时早到 5 分钟。请问：陈经理上车时是几点几分？汽车速度是他步行速度的几倍？

44．各有多少钱

甲说："我、乙、丙共有 100 元钱。"

乙说："如果甲的钱是现有的 6 倍，我的钱是现有的 1/3，丙的钱不变，我们仍有 100 元钱。"

丙说："我的钱还没有 30 元。"

请问：三人原来各有多少元钱？

45．幼儿园的孩子

幼儿园老师组织小朋友们一起游泳。

男孩子戴的是天蓝色游泳帽，女孩子戴的是粉红色游泳帽。有趣的是：在每一个男孩子看来，天蓝色游泳帽与粉红色游泳帽一样多；而在每一个女孩子看来，天蓝色游泳帽是粉红色游泳帽的 2 倍。你说说看，男孩子与女孩子各有多少人？

46．三色小球

有红、黄、白三种颜色的球，红球和黄球一共有 21 个，黄球和白球一共有 20

个，红球和白球一共有 19 个。请问：三种球各有多少个？

47．是奇数还是偶数

在 a、b、c 这三个数中有一个是 2003，一个是 2004，一个是 2005。请问：$(a-1)(b-2)(c-3)$ 是奇数还是偶数？

48．找规律

按照给出的数字之间的规律，横线处应该填几？

2，9，28，65，_____

49．集体舞蹈排练

广场上举行万人集体舞蹈排练。已知到场人数不足 1 万人，每 5 人一列或 9 人一列或 13 人一列或 17 人一列都剩 3 人。

请问：广场上到底有多少人？

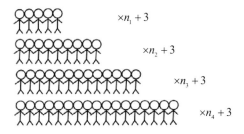

50．准确时间

星期天早上，小明起床时发现家里的闹钟停了，于是他吃完早饭后，把闹钟调到 7 点 10 分，就去图书馆看书去了。当到达图书馆的时候，小明看到墙上的钟表指示的时间是 8 点 50 分。在图书馆看了一个半小时的书后，小明又用同样的时间回到了家，这时家里闹钟上显示为 11 点 50 分。

现在假设图书馆墙上的时钟指示的时间是准确的，而且小明在去图书馆的路上和回家的路上所用的时间完全相同。

那么，请问小明到家时，该把自己的闹钟调到几点才能让它指示的是准确时间呢？

51．站成 6 排

要使 24 位同学站成 6 排，每排分别有 5 个人，应该怎么站呢？

52．平分大米

有个商人挑着担子去集市上卖米。他要把 10 千克米平均分在两个箩筐中以保持平衡，但手中没有秤，只有一个能装 10 千克的袋子，一个能装 7 千克的桶和一个能装 3 千克的脸盆。

请问：他应该怎样平分这 10 千克米呢？

53．年龄的乘积

小张和小王在路上遇见了小王的三个熟人 A、B、C。

小张问小王："他们三人今年多大年纪？"

小王想了想说："那我就考考你吧，他们三人的年龄之和为我们两人的年龄之和，他们三人的年龄相乘等于 2450。"

小张算了算说："我还是不知道。"

小王听后笑了笑说："那我再给你一个条件，他们三人的年龄都比我们的朋友小李要小。"

小张听后说："那我知道了。"

请问：小李的年龄是多少岁？

54．田径组成员

学校田径组原来女生人数占 1/3，后来又有 6 名女生参加进来，这样女生就占田径组总人数的 4/9。请问：现在田径组有女生多少人？

55. 有多少个 0

你能不计算就看出来 1×2×3×4×5×6×…×100 的结果中，末尾有多少个连续的数字 0 吗？

56. 哪桶是啤酒

一位酒商有 6 桶酒，容量分别为 30 升、32 升、36 升、38 升、40 升、62 升。

其中 5 桶装着葡萄酒，一桶装着啤酒。第一位顾客买走了两桶葡萄酒；第二位顾客所买的葡萄酒的容量是第一位顾客的两倍。请问，哪一个桶里装着啤酒(酒是要整桶出售的)？

57. 不能被除尽

在从 1 开始的自然数中，第 100 个不能被 3 除尽的数是多少？

58. 父亲节的玫瑰花

于先生有五个女儿，一年的父亲节，五个女儿分别送给于先生一束玫瑰花。

这五束玫瑰花各有特色：每束有 8 朵，颜色分别为黄、粉、白、红四种。而且所有的玫瑰花加起来，四种颜色的花的总数一样多。但是五束花看起来是有所区别的，每一束花中不同颜色花的数量并不都相同，而且每种颜色的花都至少会有一朵。

五个女儿送的花的情况如下。

大女儿送的花束中，黄色的花比其余三种颜色的花加起来还要多。

二女儿送的花束中，粉色的花比其余任何一种颜色的花都少。

三女儿送的花束中，黄花和白花之和与粉色花和红色花之和相等。

四女儿送的花束中，白色花是红色花的两倍。

小女儿送的花束中，红色花和粉色花一样多。

请问：每个女儿送的花束中，四种颜色的玫瑰花各有几朵？

59. 拔河比赛

二(1)班同学参加学校拔河比赛，他们比赛的队伍按"三男二女"的顺序依次排成一队，那么第 26 个同学是男同学还是女同学？

60. 乘车

小明的妈妈每天都要坐公交车上班。从小明家到公司的公交车有两路，分别是 1 路和 2 路。这两路公交车的线路是一样的，而且都是每隔 10 分钟一趟。唯一不同的是 1 路车的首班车是 6 点 30 分，而 2 路车的首班车是 6 点 31 分。一个月下来，妈妈发现自己坐的 1 路车要比 2 路车多得多，你知道这是为什么吗？

61. 苹果和梨

妈妈买了一堆水果，其中有 12 个苹果、1 个梨。然后妈妈把这堆水果围成一圈，并对明明说："你可以吃这些水果，但有一个规则，你必须按照顺时针方向每数到 13，就把这个水果吃掉，然后再继续数，再数到 13，并把它吃掉，以此类推。但是你只能在最后吃梨。你能做到吗？"

如果你是明明，想吃这些水果，你应该从哪个水果开始数起呢？

62. 末尾两个数字

76 的 76 次方的最后两位数是多少？

63. 余数是多少

用 7 除 2000^{2000}，余数为多少？

64. 改换包装箱

一家罐头厂的生意很不错，不过最近有一件麻烦的事：公司最初设计的纸箱可以每排放 8 瓶，共 6 排，一箱可放 48 瓶，但是一家客户反映放 48 瓶不好计算，需要改成每箱 50 瓶。如果要满足客户的要求，公司只能把做好的几千个箱子废弃，再重新做箱子，造成很大的浪费。一个负责洗瓶子的工人却说其实原来的箱子也是可以放 50 瓶的，但没有人相信。

你认为这个箱子真的能放 50 个瓶子吗？

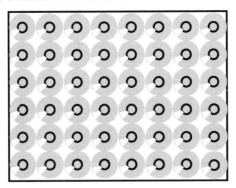

65．原数与新数

任意改变某一个三位数的各位数字的顺序得到一个新数。试证明：新数与原数之和不能等于 999。

66．乘车参观

甲、乙两个代表团乘车去参观，每辆车可乘 36 人。两个代表团坐满若干辆车后，甲代表团余下的 11 人与乙代表团余下的成员正好又坐满一辆车。

参观完，甲代表团的每个成员与乙代表团的每个成员两两合拍一张照片留念。

如果每个胶卷可拍 36 张照片，那么拍完最后一张照片后，相机里的胶卷还可以拍几张照片？

67．练习书法

小雨练习书法，她把"我爱伟大的祖国"这句话依次反复书写，那么第 60 个字应写什么？

68．三色珠子

有同样大小的红、白、黑三种珠子共 100 个，按照 3 红 2 白 1 黑的要求不断地排下去。请问：

(1) 第 52 个珠子是什么颜色的？

(2) 前 52 个珠子共有多少个白珠子？

69．第二个数

将 14 个互不相同的自然数从小到大依次排成一列，已知它们的总和是 170，如果去掉最大数和最小数，那么剩下的总和是 150，在原来排成的次序中，第二个数是多少？

70．两次读书

小明读一本英语书，第一次读时，第一天读 35 页，以后每天都比前一天多读 5 页，结果最后一天只读了 35 页便读完了；第二次读时，第一天读 45 页，以后每天都比前一天多读 5 页，结果最后一天只需读 40 页就可以读完。请问：这本书共有多少页？

71. 商与余数相等

在大于 1000 的整数中，找出所有被 34 除后商与余数相等的数，那么这些数的和是多少？

72. 12 个盒子

有 100 枚棋子，要求分别装入 12 个盒子中，并且使每个盒子里的棋子的数字中必须有一个"3"。请问：该如何装呢？

每个盒子的棋子数字中必须有

一个"3"，怎么装啊？？？

73. 最大可能值

任意选取 9 个连续的正整数，设它们的乘积为 P，最小公倍数为 Q。我们知道，P 除以 Q 所得到的商必定是自然数，那么这个商的最大可能值是多少？

74. 求余数

求 478×296×351 除以 17 的余数。

75. 几艘轮船

从甲岸到乙岸每隔 20 分钟发出一艘轮船。如果从 8 点发出第一艘轮船，那么，到 18 点共发出多少艘轮船？

76. 一堆苹果

老王买了一堆苹果，具体有多少个他也不清楚。只是知道：

如果 10 个 10 个数，则剩下 9 个；
9 个 9 个数，则剩下 8 个；
8 个 8 个数，则剩下 7 个；
7 个 7 个数，则剩下 6 个；
6 个 6 个数，则剩下 5 个；
5 个 5 个数，则剩下 4 个；
4 个 4 个数，则剩下 3 个；
3 个 3 个数，则剩下 2 个；
2 个 2 个数，还剩下 1 个！
你知道这堆苹果至少有多少个吗？

77．小数的一百位

1 除以 7 等于 0.142857142857…，请问：这个小数点后的第一百位是多少？

第二章

数字分析

78．三角数

如果两个数的平方和正好等于第三个数的平方，那么这样的三个数就叫作三角数。下面有一些三角数：

$3^2+4^2=5^2$；

$5^2+12^2=13^2$；

$7^2+24^2=25^2$；

$9^2+40^2=41^2$；

$11^2+60^2=61^2$；

$13^2+84^2=85^2$；

......

根据这个规律，你能推出下一组三角数是什么吗？

79．有趣的 37

37 这个数字很有趣，不信请看下面这些算式：

$37×3=111$

$37×6=222$

$37×9=333$

$37×12=444$

$37×15=555$

......

根据这些算式，你能用六个 1，六个 2，......，六个 9，分别组成一个算式，使结果都是 37 吗？

80．五位数

有一个五位数，在这个数的前面添上 1，就变成了一个六位数。在这个五位数的后面添上 1，也会变成一个六位数。第二个六位数是第一个六位数的 3 倍。你能求出这个五位数是多少吗？

81．奇怪的三位数

有一个奇怪的三位数，减去 9 正好可以被 9 整除，减去 8 正好可以被 8 整除，减去 7 正好可以被 7 整除。你知道这个三位数是多少吗？

82. 有趣的算式

7×9=63

77×99=7623

777×999=776223

请不通过计算，直接写出下面式子的结果：

7777×9999=

77777×99999=

777777×999999=

7777777×9999999=

83. 平均分

小明一个学期 9 次考试的平均分是 80 分，那么他第 10 次考试需要考多少分，才能使 10 次的平均分为 81 分？

84. 默想的数字

一天，爸爸对小明说："你在心里默想一个数字，然后把这个数字减去 3，再把结果乘以 2，最后加上你默想的这个数字。你把结果告诉我，我就能知道你想的数是多少。"你知道其中的秘密在哪里吗？

85. 三个数字

有三个数字，它们的和为 100。第一个数除以第二个数为 5 余 1，第三个数除以第一个数也为 5 余 1。你知道第二个数是多少吗？

86. 门票

两个人一起去黄鹤楼公园，出门的时候甲的钱数为乙的钱数的 2 倍，两人分别花了 50 元购买了门票后，甲的钱数是乙的钱数的 3 倍了。你知道两人出门时各带了多少钱吗？

87. 折页

一天，爸爸把一本 45 页的书折起了一页纸，然后对小明说："除了我折起这页纸外，其余的页码之和正好为 1000。你知道我折起的这页纸的两个页码是多少吗？"

你能帮小明算一下吗？

88. 插图

一本书上有很多插图，第一幅插图在第 2 页，接下来，每隔三页有一个插图。请计算一下，第 10 幅插图在第几页？

89. 分苹果

把一箱苹果平均分给 6 个人，剩下 5 个。请问，如果把 4 箱这样的苹果分给 6 个人，会剩下几个？

90. 和减差

随便想两个大小不同的数字，分别计算出它们的和与它们的差，然后用这个和减去这个差，所得的结果有一个很简单的规律，你知道是什么吗？

91. 四位数

有一个四位数，它正好等于构成它的四个数字之和的四次方。你知道这个数是多少吗？

92. 股份

两个人合伙做生意，如果甲把自己股份的 20% 送给乙的话，那么甲、乙的股份就一样多了。你知道两个人原来各有多少股份吗？

93. 算错了

小明去商店买笔，他买了普通铅笔 10 支，红色铅笔 15 支，蓝色圆珠笔 12 支，红色圆珠笔 16 支，黑色圆珠笔 8 支。他只记得普通铅笔是 8 角一支，红色铅笔是 1 元 2 角一支，圆珠笔的单价都不记得了。结账时，服务员说一共 85 元。小明马上指出对方算错了。服务员仔细一算后，发现果然算错了，并改正了过来。你知道小明在不记得圆珠笔单价的情况下，为什么能这么快就知道服务员算错了价格呢？

94. 奇数组

4 个奇数相加，使其和为 10，你能找出几组符合要求的奇数组？分别是什么？

95. 图书印刷

以前图书排版的时候是用铅字的，一个字或者一个数字都需要用 1 个铅字，比如，数字 18 需要用到 "1" 和 "8" 两个铅字，256 需要 "2" "5" "6" 三个铅字。假设在排版一本书的时候，光页码就用了 660 个铅字。你知道这本书一共有多少页吗？

96. 小明吃苹果

小明很爱吃苹果。一天，爸爸给他买了一堆苹果。他吃掉的苹果数比剩下的苹果数多 4 个。过了一会，他又吃了一个苹果。这时，他吃掉的苹果数是剩下的苹果数的 3 倍。请问：爸爸一共给小明买了多少个苹果？

97. 平均速度

小明骑车上学时的速度为 20 千米/小时，放学回家时的速度为 10 千米/小时。请问：他来回两次的平均速度是多少？

98. 装修

小明家装修，在屋子里面铺地砖。如果选用边长为 60 厘米的方砖，需要 250 块。如果改为边长为 50 厘米的方砖，需要多少块？

99. 读书

星期天，小明在家读一本课外书。上午他读了全书的 1/9，下午比上午多读了

12 页，这时还剩 1/3 没读。请问：这本书一共有多少页？

100. 三堆硬币

桌子上有三堆硬币，一共有 48 枚。先从第一堆里取出与第二堆数量相等的硬币并入第二堆中，再从第二堆里取出与第三堆数量相等的硬币并入第三堆中，最后从第三堆里取出与第一堆数量相等的硬币并入第一堆中。此时，三堆硬币的数量相同。你知道最开始时，三堆各有多少枚硬币吗？

101. 计算数字

计算下面几个 x 的值。

(1) $x \times x \div x = x$

(2) $(x+x) \times x = 10x$

102. 最大的整数

请在下面的 5 个数字中间加上"+、-、×、÷" 4 个符号(每种符号只可以用一次，还可以使用一次小括号)，使结果得出一个最大的整数。你知道该怎么填吗？

4　　2　　5　　3　　9 =

103. 砝码数量

有一个天平，想要用它称出来 1 到 121 克之间所有重量为整数克的物品，至少要多少个砝码？每个砝码都重多少克？

104. 颠 3 倒 4

你有办法用三个 3 得到一个 4 吗？

105. 重新排列

把 5 个 1～5 的 25 个数字填在一个 5×5 的方格中，使横、纵各行数字的和都相等，并且在同一行中一个数字不得出现两次。你会填吗？

106. 有趣的算术题

在什么情况下

24+36=1；

11+13=1；

158+207=1；

46+54=1；

2-1=1。

107. 有多少个 3

你能算出 0 到 99 的 100 个数字中，共有多少个"3"吗？

108. 最后 3 位数是什么

625 的 625 次方的最后 3 位数是什么？

109. 有几个 0

你能不计算就看出来 1×2×3×4×5×6×⋯×200 的结果中，末尾有多少个连续的数字 0 吗？

110. 算 24 点(1)

4 个 0 经过怎样的数学运算可以算出 24？

111. 算 24 点(2)

三个 5 和一个 1 通过怎样的运算可以得到 24？

112. 公平分配

三人共同出钱，到镇上去买生活用品，回来后，除了酒之外的其他物品都可以均匀地分成三份。由于当时粗心大意，回来后他们才发现买的 21 瓶酒被商家动了手脚：最上面的 7 瓶酒是满的，中间一层的 7 瓶酒都只有一半，而最下面一层的 7 瓶酒是空瓶子。去找商家讨账是不太现实的了，那么三人应如何公平地分这些酒呢？(提示：两个半瓶可以合为一个满瓶。)

113. 黄金纯度

黄金的纯度一般用 K 来表示。24K 是指百分之百的纯金，12K 就是纯度为 50%，18K 就是纯度为 75%。当你在买黄金制品的时候，上面的纯度记号一般是三个数字，已知：375 表示 9K，583 表示 14K，750 表示 18K。请问：946 表示多少 K？

114. 钟声

城市中央有一个大钟，每当整点的时候，它就会发出钟声：几点的时候敲几声。3 点的时候，它敲了 3 声，用时 3 秒。那么 9 点的时候，它需要敲多长时间的钟呢？

115. 曹操的难题

官渡之战，曹操和袁绍对峙数月，曹操的粮草渐渐不支。依照曹军 20 万军队，他还可以支撑 7 天。第二天张辽带着大批人马来援助曹操，两队人马合在一起，曹操一算，现在的粮草还能支撑 5 天。

那你知道张辽带来了多少人吗？

116. 抽屉原理

有一桶彩球，分为黄色、绿色、红色三种颜色，你闭上眼睛抓取。
请问，至少抓取多少个就可以确定你手上肯定有至少两个同一颜色的彩球？

117. 某个数字

如下图所示，如果三个方框中是同一个数(一位数)的话，该是哪个数呢？
9□×□=57□

118. 两手数数

从左手的拇指开始数，到左手小指，再从左手小指到右手拇指，依次数到右手小指，然后折回去，经过两个小指再到左右拇指(折回去数时两个拇指都不重复计数)。请问：第 2000 根手指是哪个呢？

119. 火车开车时间

小刘："我们出差的那趟火车是几点开车？"

小张："开车的时间再过 1999 小时 2000 分钟 2001 秒，正好是 12 点。你应该能算出开车的具体时间吧？"小刘傻眼了。你能帮他把时间算出来吗？

120. 口袋里的钱

三个孩子想合伙买一个 30 块钱的玩具，他们把衣兜里所有的钱都掏出来，看看一共有多少钱。

甲："我们三人口袋里的钱都不超过 30 元。"

乙："我口袋里的钱的平方减去甲口袋里钱的平方正好是丙口袋里钱的平方。"

丙："我的钱减去甲的钱再加上乙的钱正好够买玩具。"

请问：三人口袋里各有多少钱？

121. 死者的年龄

一名数学家去参加一位朋友父亲的葬礼，问起死者的出生年份，朋友回答道："你不是数学家吗，现在告诉你几个信息，你自己算算吧！

(1) 死者没有活到 100 岁；

(2) 今年是 1990 年；

(3) 在过去的某一年，那一年的数字正好是死者当时年龄的平方。"

你能算出他的出生年份吗？

122．年龄问题

有一位女士长得很漂亮，经常有人问起她的年龄。她不愿意直接回答，就说："我女儿的年龄是我儿子年龄的 3 倍，我的年龄是我女儿的 6 倍，而我的年龄乘以我儿子的年龄就是我丈夫的年龄。如果我丈夫的年龄加上女儿和儿子的年龄，正好是孩子外祖母的年龄，今天我们要去她家庆祝她的 80 大寿。"听了这么多，你知道她的儿子、女儿、老公和她自己的年龄到底是多少吗？

123．可能及格吗

李强参加一次考试，考题是 100 道选择题，每道选择题有 4 个选项，只要答对其中的 50 道题就算及格了。就概率来说，随便答也能答对四分之一，也就是 25 道题，而且李强还有 30 道题是有把握的。从概率上讲，他能及格吗？

124．猜出生年

小明说："我出生的年份倒过来后，仍然是一个年份，但是比原来的年份少了330 年。"你能猜出小明是哪年出生的吗？

125．汽油费

甲要从 A 地出发去 D 地，他开着自己的车，在经过 B 地(全程 1/3 处)时，乙上车同行，到了 C 地(全程 2/3 处)又拉上丙一起走。到了 D 地，玩了一圈之后，乙不和他们一起回去，丙搭甲的车一起走，新来的丁也一起，三人回到 A 地，各自回家。按照当地的风俗，他们四个人决定公平分摊甲从 A 地到 D 地往返的汽油费用。甲计算了一下，需要 30 元，那么，乙、丙和丁分别要给甲多少钱才是公平的？

126．走地砖

一个房间的地面由 16×14 块地砖铺就而成。有一个人从房间的一角按对角线直线方向走到房间的另一角，你能否算出他走过了几块地砖？

127．哪个士兵说了谎

部队举行打靶比赛。靶纸上的 1、3、5、7、9 表示该靶区的得分数。甲、乙、丙、丁四位士兵各射击了 6 次，每次都中了靶。

比赛完之后，甲说："我只得了 8 分。"

乙说："我共得了 56 分。"

丙说："我共得了 28 分。"

丁说："我共得了 27 分。"

请想一想，他们所讲的分数可能吗？可能的话，请说出他们每次打靶的得分数；不可能的话，猜一猜哪个士兵说了谎。

128. 三个数

有三个不是 0 的数的乘积与它们之和是一样的。请问：这三个数是什么？

129. 正方形求和

将 1～9 九个数字排列在一个 3×3 的方格中，使得最上面一行构成的三位数加上第二行构成的三位数，等于第三行构成的三位数。你能找出几组这样的式子吗？

130. 写成多少

如果 8 个一千、8 个一百、8 个一可以写成 8808，那么 11 个一千、11 个一百、11 个一可以写成多少？

131. 仅用加法

在下面的八个"8"中的合适位置加入"+"，使等式成立。

8 8 8 8 8 8 8 8=1000

132. 2009 的问题

在下面的 12 个 3 中间添上运算符号，使等式成立。

3 3 3 3 3 3 3 3 3 3 3 3=2009

133. 计算机语言

在计算机语言中有一种逻辑运算，两个数同一位上都是 0 时，其和为 0；一个为 0、一个为 1 或两个都是 1 时，其和为 1。那么，如果和为 0，则两个数应为多少？

134. 集体照

去年冬天，皮皮和一些同学去哈尔滨看雪雕时照了一张合影。照片上，同学们分别戴着帽子、系着围巾和戴着手套。只系着围巾和只戴着手套的人数相等；只有 4 人没戴帽子；戴帽子和系围巾，但没有戴手套的有 5 人；只戴帽子的人数是只系围巾的人的两倍；没戴手套的有 8 人，没系围巾的有 7 人；三样都有的人比只戴帽子的人多 1 人。

现在考一考你：

(1) 三样都有的人有多少？

(2) 只戴手套的人有多少？

(3) 照片上有多少人？

(4) 戴手套的有多少人？

135. 趣味填数

请在括号内分别填入 1、2、3、4、5、6 六个数字，使之成为三道等式。

21×( )8=( )218

81×( )3=18( )3

79×( )3=3( )97

136. 趣味数学

在下面的数字中间，加上+、-、×、÷和括号，使等式成立。

1 2 3=1

1 2 3 4=1

1 2 3 4 5=1

1 2 3 4 5 6=1

1 2 3 4 5 6 7=1

1 2 3 4 5 6 7 8=1

137. 有趣的等式

你能借助加、减、乘、除符号，用 9 个 9 来表示 1000 吗？

9 9 9 9 9 9 9 9 9=1000

138. 拼凑出 10

请在下图的 4 张牌之间添加 "()" "+" "×" "÷" 这 4 个符号(顺序不限)，使计算结果是 10。

139．红、黑牌相同的概率

现有一副去掉两张王的扑克牌共 52 张。 把它洗匀后，分成 A、B 两组，各 26 张。请问，这时 A 组中的黑色牌数和 B 组中的红色牌数相同的概率有多大？

140．手里的剩牌

三个人一起玩牌，玩到一半的时候统计各自手里的剩牌张数。小王说："我还剩 12 张，比小李少 2 张，比小张多 1 张。"小李说："我剩的张数在三个人中不是最少的，小张和我相差了 3 张，他剩了 15 张。"小张说："我剩的张数比小王少，小王剩了 13 张，小李剩了 11 张。"如果三个人每个人说的三句话中只有两句是正确的，那么他们分别剩了多少张呢？

141．是否平衡

请确认这个系统是否会平衡。

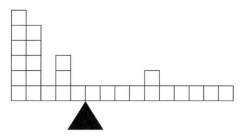

142．兄弟的年龄

四年前，哥哥的年龄是弟弟的 2 倍；四年后，哥哥的年龄是弟弟的 4/3。请问：现在哥哥和弟弟各多少岁？

第三章

经典名题

143. 五层金字塔

用苹果摆金字塔。已知一层的、两层的、三层的和四层的金字塔分别需要的苹果数目为 1、5、14、30。

那么摆一个五层的金字塔需要多少个苹果？

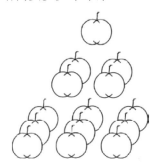

144. 空隙大小

首先，我们假设地球是正圆的，再假设我们有足够的材料和能力可以给地球做一个铁环，使这个环刚好套在赤道上而不留一点空隙。

同时我们也给一个普通大小的篮球做一个这样的环。

但是在做这两个铁环的时候，我们不小心把两条铁丝都多截了 2 米。这样套在地球和篮球上的时候，铁环与这两个球之间就都会出现空隙。

现在请问，是地球上的空隙大，还是篮球上的空隙大？空隙分别有多宽？

145. 奇怪的数学比赛

我们平时的考试是答对了题目加分，答错了题目不给分，但也不会扣分。

一次，婧婧参加了一个奇怪的奥数比赛，试卷上有 20 道题，满分为 100 分，做对一题加 5 分，做错一题倒扣 3 分，得到 60 分算及格。

可惜的是，婧婧这次没能够考及格，不过她发现，只要她少错一道题就可以正好及格了。

你知道她做对了多少道题吗？

146．沙子和水泥

某工地运进一批沙子和水泥，运进的沙子袋数是水泥的 2 倍。每天用去 30 袋水泥、40 袋沙子，几天以后，水泥全部用完，而沙子还剩 120 袋。这批沙子和水泥各有多少袋？

147．火车过桥问题

某火车通过 250 米长的隧道用 25 秒，通过 210 米的铁桥用 23 秒，该火车与另一列长 320 米、速度为每小时 64.8 千米的火车错车时需要多少秒？

148．率兵出征

韩信率军出征，他想知道一共带了多少士兵，于是命令士兵每 10 人一排排好，排到最后发现缺 1 人。

他认为这样不吉利，就改为每 9 人一排，可最后一排又缺了 1 人；

改成 8 人一排，最后一排仍缺 1 人；

7 人一排，缺 1 人；

6 人一排，缺 1 人；

5 人一排，缺 1 人；

4 人一排，缺 1 人；

3 人一排，缺 1 人；

直到 2 人一排还是缺一人。

韩信仰天长叹，难道这场仗注定要以失败告终吗？

你能算出韩信至少带了多少士兵吗？

149．运送轮胎

在第二次世界大战时，一个上尉要把一车物资运到前线去，行程大约要 5 万千米。他用作运输的是军用三轮车，因为道路的缘故，预计每个轮胎的寿命只有 2 万千米。上尉有一辆新车和 5 个备用轮胎。那么，上尉如何利用这 8 个轮胎，把物资运到前线呢？

150. 平方数

有这么一个数,当它加上 100 后,所得的数是一个正整数的平方,然后用所得的数,再加上 68,又是另外一个正整数的平方。

你能算出这个数是多少吗?

$? +100=n^2$

$n^2+68=m^2$

151. 有多少枚硬币

超市里有 100 多枚硬币。每 3 枚一数,正好数尽;每 5 枚一数,最后余 3 枚;每 7 枚一数,最后也余 3 枚。

那么,你知道超市里一共有多少枚硬币吗?

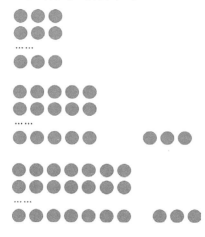

152. 翅膀和腿

蜘蛛有 8 条腿，蜻蜓有 6 条腿和 2 对翅膀，蝉有 6 条腿和 1 对翅膀。现有这三种小虫共 20 只，有 128 条腿和 22 对翅膀，每种小虫各有几只？

153. 四张卡片

有四张卡片，正反面各写一个数字。第一张上写的是 0 和 1，其他三张上分别写有 2 和 3、4 和 5、7 和 8。现在任意取出其中的三张卡片，放成一排，那么一共可以组成多少个不同的三位数？

154. 相遇问题

甲、乙两人从两地同时相对而行，经过 4 小时，在距离中点 4 千米处相遇。甲比乙速度快，甲每小时比乙快多少千米？

155. 单价是多少

学校买来 6 张桌子和 5 把椅子共付 455 元，已知每张桌子比每把椅子贵 30 元。请问：桌子和椅子的单价各是多少元？

156. 人名的加法

唐纳德、杰拉德、罗伯特三人是好朋友，他们的英文名字分别为 DONALD、GERALD、ROBERT。他们的一个共同的朋友很喜欢开玩笑，一天，这个朋友用三个人的名字设计了一个有趣的题目。

已知公式 DONALD+GERALD=ROBERT，在这个公式中共有 10 个不同的英文字母，它们与 0～9 这 10 个阿拉伯数字一一对应。现在已知 D=5。

请在 5 分钟之内计算出其余 9 个字母分别代表什么数字。

157. 黑蛇进洞

一条长 80 安古拉(古印度长度单位)的大黑蛇，以 5/14 天爬 15/2 安古拉的速度爬进一个洞，而蛇尾每 1/4 天却要长 11/4 安古拉。请问：黑蛇需要几天才能完全爬进洞？

158. 南望波口

今有东南望波口，立两表南、北相去九丈，以索薄地连之。当北表之西却行去

表六丈，薄地遥望波口南岸，入索北端四丈二寸。以望北岸，入前所望表里一丈二尺。又却后行去表一十三丈五尺。薄地遥望波口南岸，与南表三合。

问：波口广几何？

此题意思是说：如下图所示，东南面有一条河，不知道河有多宽。现在南北方向立相距90尺远的两根木杆，位置如图中 C 和 D 所示，用绳索将两根木杆底端连起来。人从 C 点向西走60尺，看向河的南岸 B 点，视线与绳索 CD 交于 H 点，CH=40.2尺；看向河的北岸 A 点，视线与绳索 CD 交于 G 点，HG=12尺。继续向西走，离 C 点135尺，到达点 F，再看向河南岸的 B 点时，视线正好经过 D 点。问：这条河的宽度 AB 是多少？

注：古代一里为180丈，一丈=5/3步，一步=6尺，一尺=10寸。

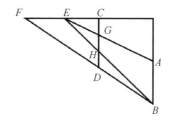

159. 望海岛

今有望海岛，立两表，齐高三丈，前后相去千步，令后表与前表三相直。从前表却行一百二十三步，人目着地取望岛峰，与表末三合。从后表却行一百二十七步，人目着地取望岛峰，亦与表末三合。问：岛高及去表各几何？

此题意思是说：如下图所示，假设测量海岛的高度 AB，先立两根柱子 CD 和 EF，高均为5步，两根柱子的距离 DF 为1000步，令后柱、前柱和海岛峰在同一直线上。从前柱向后退123步，人的眼睛贴着地面正好可以从柱顶观测到岛峰；从后柱向后退127步，人的眼睛贴着地面正好可以从后柱顶观测到岛峰。问：这个岛高多少？岛与前柱相距多远？

注：古代一里为180丈，一丈=5/3步，一步=6尺，一尺=10寸。

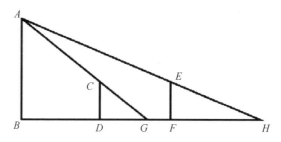

160．圆圈中的数字

请把 1～14 填入圆圈，使七边形的每条边上 3 个数之和都为 26。

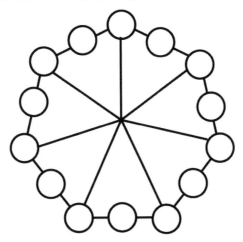

161．良马与驽马

今有良马与驽马发长安至齐。齐去长安三千里。良马初日行一百九十三里，日增十三里；驽马初日行九十七里，日减半里。良马先至齐，复还迎驽马。

问：几何日相逢及各行几何？

此题意思是说：有好马和劣马同时从长安出发去齐。齐离长安 3000 里。

好马第一天走 193 里，以后每天比前一天增加 13 里；劣马第一天走 97 里，以后每天比前一天减少半里。好马先到达齐，马上回头去迎接劣马。问：一共走了多少天两马才能相遇？这时两马各走了多少里？

162．造仰观台

假令太史造仰观台，上广袤少，下广袤多。上下广差二丈，上下袤差四丈，上广袤差三丈，高多上广一十一丈。甲县差一千四百一十八人，乙县差三千二百二十二人，夏程人功常积七十五尺，限五日役台毕……问台广、高、袤各几何？

此题意思是说：假设太史官要建造一座梯形的观象台，下底的宽、长都大于上底的宽、长。上、下宽差 2 丈，上、下长差 4 丈，上底的长与宽差 3 丈，高比上底宽多 11 丈。甲县派 1418 人，乙县派 3222 人参加建台，夏季施工，每人每日能筑 75 立方尺，限 5 日完成。求台的宽、高、长各是多少。

注：梯形台体积公式为 $V= [a_1 \times b_1 + a_2 \times b_2 + (a_1+a_2) \times (b_1+b_2)] \times h/6$。（$a_1$、$b_1$ 为上底长与宽，a_2、b_2 为下底长与宽。）

163. 百羊问题

《算法统宗》是中国古代数学著作之一。书里有这样一道题：甲赶群羊逐草茂，乙拽肥羊一只随其后，戏问甲及一百否？甲云所说无差谬，若得这般一群凑，再添半群小半群(注：四分之一的意思)，得你一只来方凑。玄机奥妙谁参透？

此题大意是说：牧羊人赶着一群羊去寻找草长得茂盛的地方放牧。有一个过路人牵着 1 只肥羊从后面跟了上来。他对牧羊人说："你好，牧羊人！你赶的这群羊大概有 100 只吧？"牧羊人回答道："如果这一群羊加上 1 倍，再加上原来这群羊的一半，又加上原来这群羊的四分之一，连你牵着的这只肥羊也算进去，才刚好满100 只。"谁能够知道牧羊人放牧的这群羊一共有多少只？

164. 五家共井

"今有五家共井，甲二绠不足，如乙一绠；乙三绠不足，如丙一绠；丙四绠不足，如丁一绠；丁五绠不足，如戊一绠；戊六绠不足，如甲一绠。如各得所不足一绠，皆逮。问井深、绠长各几何？"

此题意思是说：现在有五家共用一口井，甲、乙、丙、丁、戊五家各有一条绳子汲水(下面用文字表示每一家的绳子)：甲×2+乙=井深，乙×3+丙=井深，丙×4+丁=井深，丁×5+戊=井深，戊×6+甲=井深，求甲、乙、丙、丁、戊各家绳子的长度和井深。(求其最小正整数解。)

165. 三女归家

今有三女，长女五日一归，中女四日一归，少女三日一归。问三女何日相会？

这道题也是我国古代名著《孙子算经》中为计算最小公倍数而设计的题目。

意思是：一家有三个女儿都已出嫁。大女儿五天回一次娘家，二女儿四天回一次娘家，小女儿三天回一次娘家。三个女儿从娘家同一天走后，至少再隔多少天三人可以再次在娘家相会？

166. 矩形和球

两只小球从一矩形边上的同一点出发沿矩形滚动，一个在矩形内部，一个在矩形外部——直到它们最终都回到起点。

如果矩形的宽是小球周长的两倍，而矩形的长是宽的两倍，那么，从起点出发再回到起点，两个小球自身各转了几圈？

167．百鸡术衍

本问题记载于我国古代公元 5—6 世纪成书的《张邱建算经》中，是原书卷下第 38 题，也是全书的最后一题。题目如下。

今有鸡翁一，值钱五；鸡母一，值钱三；鸡雏三，值钱一。凡百钱买鸡百只，问鸡翁、母、雏各几何？

此题意思是说：公鸡一只五钱，母鸡一只三钱，小鸡三只一钱，现在用一百钱正好买了一百只鸡。问公鸡、母鸡和小鸡各买了多少只？

168．洗碗问题

我国古代《孙子算经》中有一道著名的"河上荡杯(荡杯即洗碗)"题。

题目的大意是：一位农妇在河边洗碗。邻居问："你家里来了多少客人，要用这么多碗？"她答道："客人每两位合用一只饭碗，每三位合用一只汤碗，每四位合用一只菜碗，一共洗了 65 只碗。"请问，她家里究竟来了多少位客人？

169．登山望楼

今有登山望楼，楼在平地。偃矩山上，令勾高六尺。从勾端斜望楼足，入下股一丈二尺。又设重矩于上，令其间相去三丈。更从勾端斜望楼足，入上股一丈一尺四寸。又立小表于入股之会，复从勾端斜望楼岑端，入小表八寸。问楼高几何？

此题意思是说：一人登到山上看平地上的一座楼。将一把矩放在山上 M 处，矩的短边 MN 长度为 6 尺。从矩短边的顶端望向楼的底座，视线与矩的长边交于 Q 处，MQ 长度为 12 尺。然后将矩提高到 E 处，ME 长度为 30 尺。再从短边的顶端望向楼的底座，视线与矩的长边交于 F 处，EF 长度为 11.4 尺。然后在交点 F 处立一木杆，从矩短边的顶端望向楼顶时，视线与小木杆相交于 C 处，FC 长度为 0.8 尺。问这座楼有多高？

注：矩为直角尺，一长边一短边，短边叫勾，长边叫股。古代一里为 180 丈，一丈=5/3 步，一步=6 尺，一尺=10 寸。

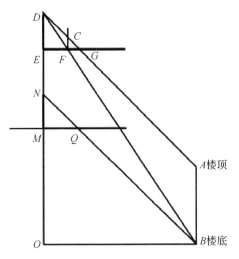

170．9000 克盐

现有 9000 克盐以及 50 克和 200 克的砝码各一个。

问：怎样用天平称出 2000 克盐？只许称 3 次。

171．登山临邑

今有登山临邑，邑在山南。偃矩山上，令勾高三尺五寸。令勾端与邑东南隅及东北隅三相直。从勾端遥望东北隅，入下股一丈二尺。又施横勾于入股之会，从立勾端望西北隅，入横勾五尺。望东南隅，入下股一丈八尺。又设重矩于上，令矩间相去四丈。

更从立勾端望东南隅，入上股一丈七尺五寸。

问邑广长各几何？

此题意思是说：山南面有一个城，登上山看这座城。放一把矩在山上，如下图所示，矩的短边 DE 长度为 3.5 尺，并让矩的长短边与城东墙 AB 在同一个平面上。从矩的短边顶端 D 处望向城的东北角 A，与矩的长边交于 Q 点，EQ=12 尺。

在 Q 点横着放一木杆，与矩的长边垂直。从矩的短边顶端 D 望向城的西北角 C，与横着的木杆交于点 P，PQ=5 尺。再从矩的短边顶端 D 处望向城的东南角 B，与矩的长边交于 F 点，EF=18 尺。在这把矩的上方再设一把矩，距离为 40 尺，从上面矩短边的顶端看向城的东南角 B，与上面矩的长边相交于点 N，MN=17.5 尺。求这座城长和宽各是多少？

注：矩为直角尺，一长边一短边，短边叫勾，长边叫股。古代一里为 180 丈，一丈=5/3 步，一步=6 尺，一尺=10 寸。

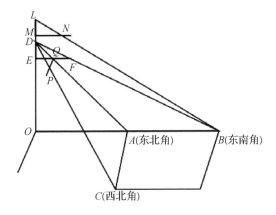

172．登山望津

今有登山望津，津在山南。偃矩山上，令勾高一丈二尺。从勾端斜望津南岸，入下股二丈三尺一寸。又望津北岸，入前望股里一丈八寸。更登高岩北，却行二十二步，上登五十一步，偃矩山上。更从勾端斜望津南岸，入上股二丈二尺。

问津广几何？

此题意思是说：山南面有条河，站在山上看这条河。将一把矩放在山上，如下图所示，矩的短边 MP=NQ=12 尺。从短边的顶端 M 看这条河的南岸 B，与矩的长边交于 F 点，PF=23.1 尺。又看向河的北岸 A，视线与矩的长边交于点 E，PE=10.8 尺。

走到北面的上山 N 点处，这个地方在原来的地点 M 处的北面 132 尺、上面 306 尺处。在 N 点再放一把矩，从矩短边的端点看河的南岸，与矩长边交于点 G，QG=22 尺。问这条河的宽度 AB 是多少？

注：矩为直角尺，一长边一短边，短边叫勾，长边叫股。古代一里为 180 丈，一丈=5/3 步，一步=6 尺，一尺=10 寸。

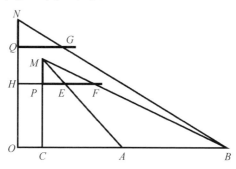

173. 南望方邑

今有南望方邑，不知大小。立两表东、西去六丈，齐人目，以索连之。令东表与邑东南隅及东北隅三相直。当东表之北却行五步，遥望邑西北隅，入索东端二丈二尺六寸半。又却北行去表一十三步二尺，遥望邑西北隅，适与西表相三合。问邑方及邑去表各几何？

此题意思是说：如右图所示，南面有一个方形的城，不知道城的大小。现在东西方向立相距 60 尺远的两个木杆，如图中 C 和 D，木杆高度与人的眼睛平齐，用绳索将两个木杆顶端连起来。其中东面的那个木杆正好与东城墙在一条直线上。人从 D 点向北走 30 尺，看向城的西北角，与绳索 CD 交于 G 点，DG=22.65 尺。继续向北走，离 D 点 80 尺，到达点 F，再看向城西北角时，视线正好经过 C 点。问这个城的边长 AB 及城到两个木杆之间的距离 BD 各是多少？

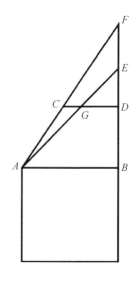

注：古代一里为 180 丈，一丈=5/3 步，一步=6 尺，一尺=10 寸。

174. 方城问题

今有邑方十里，各中开门。甲、乙俱从邑中央而出。乙东出；甲南出，出门不知步数，邪向东北磨邑，适与乙会。率甲行五，乙行三。问甲、乙行各几何？

此题意思是说：有一座十里见方的城，正东、正西、正南、正北各开一门。

甲、乙两人分别从城中心出发。乙出东门一直走；甲出了南门，不知道走了多远，便开始转朝着东北方向走去，路线正好贴着城边，就这样一直走，恰好与乙会合。甲与乙的速度比是 5∶3。

问甲、乙分别走了多远的路？

175. 三女刺绣

今有三女各刺文一方，长女七日刺讫，中女八日半刺讫，小女九日太半刺讫。

今令三女共刺一方，问几何日刺讫？

此题意思是说：有三个女儿各绣一块花样，大女儿用了 7 天时间绣完，二女儿用了 8 天半绣完，小女儿用了 29/3 天绣完（"太半"在此可视为三分之二）。现在三个女儿一起来绣这块花样，得用多少天绣完？

176. 铜币问题

12 世纪时，印度数学家婆什迦罗曾编了一道习题。

某人甲对朋友乙说："如果你给我 100 枚铜币，我将比你富有 2 倍。"

朋友乙回答说："你只要给我 10 枚铜币，我就比你富有 6 倍。"问这两个人各有多少枚铜币？

177. 望清渊

今有望清渊，渊下有白石。偃矩岸上，今勾高三尺，斜望水岸，入下股四尺五寸。望白石，入下股二尺四寸。又设重矩于上，其间相去四尺。更从勾端斜望水岸，入上股四尺。以望白石，入上股二尺二寸。问水深几何？

此题意思是说：现在想测量一处清水坑，坑底有一块白石。在岸上竖立一把矩，如下图所示，矩的短边 MN 长度为 3 尺。从短边端点往对岸看去，视线交矩的长边于 H 处，MH 长度为 4.5 尺；向白石看去，交矩的长边于 Q 处，MQ 长度为 2.4 尺。

再设一把矩于它的上面，两矩之间距离 ME 为 4 尺。再从这把矩的短边端点斜看对岸和白石，视线交矩的长边分别于 G 和 F 处，EG 长度为 4 尺，EF 长度为 2.2 尺。

问水有多深？（不考虑水的折射。）

注：矩为直角尺，一长边一短边，短边叫勾，长边叫股。古代一里为 180 丈，

一丈=5/3 步，一步=6 尺，一尺=10 寸。

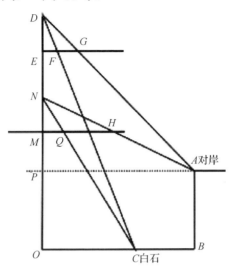

178. 望松生山上

今有望松生山上，不知高下。立两表齐，高二丈，前后相去五十步，令后表与前表三相直。从前表却行七步四尺，薄地遥望松末，与表端三合。又望松本，入表二尺八寸。复从后表却行八步五尺，薄地遥望松末，亦与表端三合。问松高及山去表各几何？

此题意思是说：如下图所示，山上有一棵松树 AJ，不知道有多高。在山下立两个木杆 CD 和 EF，均高 20 尺，让两根木杆之间的距离 DF 为 300 尺，且两木杆与松树在一条直线上。从前面的木杆开始向后走 DG 距离为 46 尺，眼睛贴着地面看松树，顶端与木杆顶端在一条直线上，看根部的视线与木杆交于 K，CK 长度为 2.8 尺。然后从后面的木杆向后走 FH 距离为 53 尺，眼睛贴着地面看松树，顶端与木杆顶端在一条直线上。问松树高 AJ 为多少？以及山离两根木杆的距离 BD、BF 各多少？

注：古代一里为 180 丈，一丈=5/3 步，一步=6 尺，一尺=10 寸。

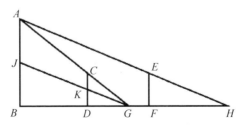

179. 临台测水

　　问临水城台，立高三丈，其上架楼，其下址侧脚阔二尺。护下排沙下桩，去址一丈二尺。外桩露土高五尺，与址下平。遇水涨时，浸至址。今水退不知多少，人从楼上栏杆腰串间，虚驾一竿出外，斜望水际，得四尺一寸五分，乃与竿端参合。人目高五尺。欲知水退立深为几何？

　　此题意思是说：水边有一座城台 BDLK，台高 BD=30 尺，在上面建楼。城台离台脚的距离 DE=2 尺，台脚下是护坡。在护坡上打桩 FG，桩离台脚的距离 EF=12 尺，桩露出地面的高度 FG=5 尺，顶端与台脚齐平。涨水时，水位正好达到台脚高度。现在退潮，不知道水退去多少，水位到达 MJ 一线。有一个人在台顶楼上栏杆的空隙处挑出一根竿子 BC，望到水边(J 点)，视线正好通过竿的顶端 C。这时，人站立的地方离竿的顶端 BC=4.15 尺，眼睛的位置离楼面的高度 AB=5 尺，如下图所示。

　　求水退去的深度。

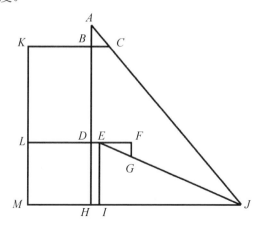

180. 猎人的挂钟

　　一个住在深山中的猎人，他只有一只挂钟挂在屋子里。这天，因为忘了上发条钟停了，而附近又没有地方可以校对时间。

　　他决定下山到市集购买日用品，出门前他先上紧挂钟的发条，并记下了当时挂钟的时间：上午 6:35(时间已经不准了)。途中他经过电信局，电信局的时钟是很准的，猎人看了时钟并记下了时间：上午 9:00。到市集采购完需要的商品，猎人又原路返回。经过电信局时，电信局的时钟显示是上午 10:00。

　　回到家里，墙上的挂钟指着上午 10:35。请问现在的准确时间是几点？

181. 筑堤问题

有官司差夫一千八百六十四人筑堤，只云初日差六十四人，次日转多七人。每人日支米三升，共支米四百三十石九斗二升。问筑堤几日？

此题意思是说：官府派遣村民 1864 人去修堤，第一天派 64 人，以后每天增加 7 人。每人每天发 3 升米，共发了 430 石 9 斗 2 升米。问共修堤几天？

注：用总人数算出天数，再用总米数算出天数，互相对照。

182. 木长几何

有木不知其数，引绳度之，余绳四尺五寸；屈绳量之，不足一尺，问木长几何？

此题意思是说：用一根绳子去量一根长木头，绳子还剩余 4.5 尺，将绳子对折后再量长木，长木多出 1 尺，问长木头有多长？

183. 余米推数

有米铺诉被盗，去米一般三笭，皆适满，不记细数。今左壁笭剩一合，中间笭剩一升四合，右壁笭剩一合。后获贼，系甲、乙、丙三人，甲称当夜摸得马勺，在左壁笭满舀入布袋；乙称踢得木屉，在中笭舀入袋；丙称摸得漆碗，在右壁笭舀入袋，将归食用，日久不知数。索到三器，马勺满容一升九合，木屉容一升七合，漆碗容一升二合。欲知所失米数，计赃结断，三盗各几何？

此题意思是说：一天夜里，某粮店遭窃，店里的 3 笭米所剩无几。官府派员勘查现场发现，3 个同样大小的笭，第 1 个笭中剩 1 合米，第 2 个笭中剩 14 合米，第 3 个笭中剩 1 合米。当问及店老板丢失多少米时，回答说，只记得原来 3 笭米是一样多的，具体丢多少不清楚。后来抓到了 3 名盗贼，他们供认：甲用马勺从第 1 笭里偷米，乙用木屉从第 2 笭里偷米，丙用大碗从第 3 笭里偷米，每次都装满。

经测量，马勺容量为 19 合，木屐容量为 17 合，大碗容量为 12 合。
问 3 名小偷各偷走了多少米？
合是一种传统米容器，10 合为 1 升，10 升为 1 斗，10 斗为 1 石。

184．关税问题

有人持金出五关，前关二而税一，次关三而税一，次关四而税一，次关五而税一，次关六而税一。并五关所税，适重一斤。问本持金几何？

此题意思是说：某人拿金子过五个关口，第一关收税二分之一，第二关收三分之一，第三、第四、第五关分别收税四分之一、五分之一、六分之一。

一共被收税正好 1 斤重。问原来拿了多少金子？

185．葭生池中

有池方一丈，葭生其中央，出水一尺。引葭赴岸，适与岸齐。问水深、葭长各几何？

此题意思是说：有一个一丈见方的池塘，正中心生长着一棵芦苇，芦苇高出水面一尺。拉着芦苇的尖端引到岸边，正好与河岸齐平。问池塘的深度和芦苇的高度各是多少？

186．运米问题

《九章算术》是我国最古老的数学著作之一，全书共分九章，有 246 个题目。其中有一道题目的大意是这样的：一个人用车装米，从甲地运往乙地，装米的车日行 25 千米，不装米的空车日行 35 千米，5 日往返 3 次，问两地相距多少千米？

187．捆绑思维

如果有：
1=5
2=25
3=125
4=625
那么：
5=?
答案不是 3125。

188. 有女善织

有一位善于织布的妇女，每天织的布都比前一天翻 1 番。5 天共织了 62 尺布，请问她这 5 天各织布多少尺？

189. 鸡兔同笼

鸡兔同笼，上有 35 个头，下有 94 只脚。问鸡兔各几只？

190. 利息问题

有人举取他绢，重作券，要过限一日息绢一尺，二日息二尺，如是息绢日多一尺。今过限一百日。问息绢几何？

此题意思是说：一个债主拿借方的绢作为抵押品，债务过期 1 天要纳 1 尺绢作为利息，过 2 天利息是 2 尺，这样，每天利息增多 1 尺。现在请问，如果过期 100 天，共需要缴纳利息多少尺绢？

191. 圆城问题(1)

假令有圆城一所，不知周径。四面开门，门外纵横各有十字大道。其西北十字道头定为乾地。或问乙出(圆城)南门，东行七十二步而止，甲从乾隅南行六百步望乙，与城参相直。城径几何步？

此题意思是说：有一个圆城，不知道大小。城的四面各开一门，门外纵横有几条十字大道。将西北两条大道的交点 A 处定位乾地。乙从圆城的南门出去，即往东走，走 72 步时站下；甲从乾地往南走 600 步，看到乙时视线正好贴着城边，如下图所示。问这个圆城的直径是多少步？

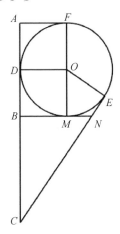

192. 圆城问题(2)

或问城(圆城)南有槐树一株，城东有柳树一株。甲出北门东行，丙出西门南行，甲、丙、槐、柳悉与城参相直。既而甲就柳行五百四十四步，至柳树下；丙就槐行四百二十五步，至槐树下。城径几何步？

此题意思是说：圆城的南门外有一株槐树(A)，东门外有一株柳树(B)。甲从北门出来往东走。丙从西门出来往南走，当他们走了一段路站下时，发现两人所站的位置与槐树、柳树正好在一条直线上，而且这条直线恰好与城相切。然后，甲朝柳树方向走，走了 544 步到柳树下；丙朝槐树走去，走了 425 步到槐树下。问这个圆城的直径是多少步？

注：步为古代长度单位，相当于 5/3 丈。

193. 百僧分百馒

一百馒头一百僧，大僧三个更无争，小僧三人分一个，大僧、小僧各几人？

此题意思是说，100 个和尚分吃 100 个馒头，大和尚每人分 3 个，小和尚 3 人分 1 个，恰好分完。请问大和尚和小和尚各有多少人？

194. 滚动的硬币

如下图所示，带箭头的硬币可以沿 7 个固定的硬币滚动。当它回到出发点时，这个硬币滚了几圈？箭头将朝哪个方向？

195. 相遇问题

今有甲，发长安，五日至齐；乙发齐，七日至长安。今乙发已先二日，甲乃发长安。问几何日相逢？

此题大意是：甲从长安出发，需 5 天时间到达齐；乙从齐出发，需 7 天时间到达长安。现在乙从齐出发 2 天后，甲才从长安出发。问几天后两人相遇？

196．韩信点兵

今有物，不知其数。三三数之剩二，五五数之剩三，七七数之剩二。问物几何？

这是我国古代名著《孙子算经》中的一道题。意思是：一个数除以 3 余 2，除以 5 余 3，除以 7 余 2。求适合这些条件的最小自然数。

197．数不知总

今有数不知总，以五累减之无剩，以七百一十五累减之剩十，以二百四十七累减之剩一百四十，以三百九十一累减之剩二百四十五，以一百八十七累减之剩一百零九，问总数若干？

此题意思是说：现在有一个数，不知道是多少。用 5 除可以除尽；用 715 除，余数为 10；用 247 除，余数是 140；用 391 除，余数是 245；用 187 除，余数是 109。问这个数是多少？

198．兔子问题

13 世纪，意大利数学家伦纳德提出下面一道有趣的问题：如果每对大兔每月生一对小兔，而每对小兔生长一个月就能成为大兔，并且所有的兔子全部存活，那么有人养了初生的一对小兔，一年后共有多少对兔子？

199．倒卖自行车

一个商人以 50 元卖出了一辆自行车，然后又花了 40 元买了回来，这样显然他赚了 10 元钱，因为不但原来的自行车又回到他的手里，而且多了 10 元钱。现在他把花 40 元买来的自行车又以 45 元钱卖了出去，这样他又赚了 5 元，前后加起来一共赚了 15 元。

但是，有一个人却认为：这个人以一辆价值 50 元的自行车开始，第二次卖出以后他有了 55 元，也就是说，他只赚了 5 元钱。而 50 元卖一辆车是一次纯粹的交换，表明不赚也不赔；只有当他以 40 元买进而以 45 元卖出的时候，才赚了 5 元钱。

而另外一个人却认为：当他以 50 元卖出并以 40 元买进时，他显然是赚了 10 元钱；当他以 45 元卖出时，则是纯粹的交换，不赚也不赔，所以他赚了 10 元钱。似乎每个人说的都有道理，那么你认为谁的观点才是正确的呢？

200．三阶幻方

三阶幻方，又叫"洛书"。相传，在大禹治水年代，发源于今天陕西的洛水经常泛滥，所以每当洪水泛滥的季节来临前，人们便会抬着猪、羊去河边祭神。每一次等人们摆好祭品后，总有一只大乌龟从河中爬出来，慢吞吞地绕祭品爬一圈，又返回到河中。等大乌龟走后，河水还是照样泛滥。后来人们开始留心这只大乌龟，发现它的龟壳上有 9 大块，横数三行，竖数三行，每一块壳上都有几个小点点，正好凑成从 1～9 的数字，可是谁也弄不懂是什么意思。又一年，大乌龟又爬上岸，忽然一个看热闹的小孩惊奇地叫了起来："真有趣，这些小点点无论是横加、竖加，还是斜加算出来都是 15。"于是，人们就开始想，河神大概是每样祭品都要 15 份吧，于是赶紧抬来 15 头猪、15 只羊，摆上供桌。自此以后，河水再也不泛滥了。乌龟壳上的这些点点后来被称为"洛书"，而像这样具有奇妙性质的图案叫作"幻方"，三阶、四阶、五阶……"洛书"只是其中一种。

请大家试着将 1～9 这九个自然数填在三横三竖九个空格里，使横、竖和两条对角线上的三个数的和都等于 15。你会填吗？

201．紫草染绢

有绢一匹买紫草三十斤，染绢二丈五尺。今有绢七匹，欲减买紫草，还自染余绢。问减绢、买紫草各几何？

此题意思是说：用 1 匹绢能换紫草 30 斤，这 30 斤紫草能染 25 尺绢。现在有 7 匹绢，准备用其中一部分去换紫草，来染剩下的绢。问：要拿多少绢去换紫草？可以换多少斤紫草？

按古法：1 匹等于 4 丈，1 丈等于 10 尺。

202. 长长的阶梯

有一位数学教授，希望儿子也和他一样，对数学产生兴趣，于是他出了一道题来考儿子。

题目是这样的：

有一条很长的阶梯，如果每步跨 2 个台阶，那么最后剩下 1 个台阶；

如果每步跨 3 个台阶，那么最后剩下 2 个台阶；

如果每步跨 4 个台阶，那么最后剩下 3 个台阶；

如果每步跨 5 个台阶，那么最后剩下 4 个台阶；

如果每步跨 6 个台阶，那么最后剩下 5 个台阶；

如果每步跨 7 个台阶，那么正好不会剩下台阶。

请问，这条阶梯最少有多少阶？

203. 四四图

把 1～16 这 16 个数字依次排成四行四列，使得每行每列和对角线上四个数字的和都为 34。请问：应该怎么排列呢？

204. 周游的骑士

"周游的骑士"是一道很有名的数学谜题。

"骑士"这个棋子的走法，只能往前、后、左、右移动一格后，再往斜方向移动一格(如下图所示)。

用"骑士"将 8 格×8 格国际象棋棋盘上的每一格都恰好走过 1 次，然后回到原点。同一格不可停留 2 次。

请问：你知道该怎么走吗？

205．七猫问题

在七间房子里，每间都养着七只猫。在这七只猫中，无论哪只，都能捕到七只老鼠。而这七只老鼠，每只都要吃掉七个麦穗。如果每个麦穗都能剥下七颗麦粒，请问：房子、猫、老鼠、麦穗、麦粒都加在一起总共应该有多少？

206．托尔斯泰的割草问题

俄国伟大的作家托尔斯泰曾出过这样一道题：一组割草人要把两块草地上的草割完。大的一块草地的面积是小的一块的面积的 2 倍，上午所有人都在大的一块草地上割草。下午一半人仍留在大块草地上割草，一半人去割小块草地的草。到傍晚时大块草地的草割完了，小块草地的草还剩下一部分，这一部分由 1 个割草人再用一天时间刚好割完。问这组割草人共有多少人？(假设每个割草人的割草速度都相同。)

207．柯克曼的女生散步问题

这个女生散步问题是由英国数学家柯克曼(1806—1895)于 1850 年提出来的。具体问题表述如下。

一个学校有 15 名女生，她们每天要做三人行的散步，要使每个女生在一周内的每天做三人行散步时，与其他同学在组成三人小组同行时，彼此只有一次相遇在同一小组内，应怎样安排？

208．阿基米德的分牛问题

太阳神有一牛群，由白、黑、花、棕四种颜色的公、母牛组成。在公牛中，白牛数多于棕牛数，多出之数相当于黑牛数的 1/2；黑牛数多于棕牛数，多出之数相当于花牛数的 1/3；花牛数多于棕牛数，多出之数相当于白牛数的 1/4。

在母牛中，白牛数是全体黑牛(包括公牛)数的 1/3；黑牛数是全体花牛数的 1/4；花牛数是全体棕牛数的 1/5；棕牛数是全体白牛数的 1/6。

请问：这群牛最少有多少头？是怎样组成的？

209．三十六军官问题

大数学家欧拉曾提出这样一个问题：即从不同的 6 个军团中各选 6 种不同军阶的 6 名军官共 36 人，排成一个 6 行 6 列的方队，使得各行各列的 6 名军官恰好来自不同的军团，而且军阶各不相同，应如何排这个方队？

210. 泊松分酒问题

法国数学家泊松在少年时被一道数学题深深地吸引住了，从此便迷上了数学。这道题是：某人有 8 升酒，想把一半赠给别人，但没有 4 升的容器，只有一个 3 升和一个 5 升的容器。利用这两个容器，怎样才能用最少的次数把这 8 升酒分成相等的两份？

211. 牛顿的牛吃草问题

英国大数学家牛顿曾编过这样一道数学题：牧场上有一片青草，每天都生长得一样快。这片青草供给 10 头牛吃，可以吃 22 天；或者供给 16 头牛吃，可以吃 10 天。如果供给 25 头牛吃，可以吃几天？

212. 欧拉的遗产问题

欧拉的遗产问题是大数学家欧拉的数学名著《代数基础》中的一个问题。题目如下。一位父亲，临终时嘱咐他的儿子们这样来分配他的财产：第一个儿子分得 100 克朗和剩下财产的十分之一；第二个儿子分得 200 克朗和剩下财产的十分之一；第三个儿子分得 300 克朗和剩下财产的十分之一；第四个儿子分得 400 克朗和剩下财产的十分之一……按这种方法一直分下去，最后，每一个儿子所得财产一样多。

请问：这位父亲共有几个儿子？每个儿子分得多少财产？这位父亲共留下了多少财产？

213. 布哈斯卡尔的蜜蜂问题

这是古印度的数学谜题，因诗人郎费罗的介绍而广为流传。下面我们用汉语来将大意叙述一下：公园里有甲、乙两种花，有一群蜜蜂飞来。1/5 落在菜花上，1/3 落在莲花上，如果还有落在这两种花上的两小群蜜蜂数量之差的 3 倍去采蜜，那么剩下的最后 1 只绕着樱花上下飞。请问，这群蜜蜂的总数是多少？

214. 马塔尼茨基的短衣问题

有一个雇主约定每年给工人 12 元钱和一件短衣，工人做工到 7 个月想要离去，雇主按比例给了他 5 元钱和一件短衣。请问，这件短衣价值多少钱？

215．涡卡诺夫斯基的领导问题

有人问船长，在他的领导下有多少人，他回答说："2/5 的人去站岗，2/7 的人在吃饭，1/4 的人在医院，剩下 27 人现在在船上。"

请问，在他领导下共有多少人？

216．埃及金字塔的高度

世界闻名的金字塔，是古代埃及国王们的坟墓。这些建筑雄伟高大，形状像个"金"字，故而称为金字塔。它的底面是个正方形，塔身的四面是倾斜着的等腰三角形。两千六百多年前，埃及有位国王，请来一位名叫法列士的学者测量金字塔的高度。

按照当时的条件，你知道该怎么计算吗？

217．跑狗问题

我国著名数学家苏步青教授有一次在德国访问，一位有名的德国数学家在电车上给他出了一道题："甲、乙两人相向而行，距离为 50 千米，甲每小时走 3 千米，乙每小时走 2 千米，甲带一只狗，狗每小时跑 5 千米，狗跑得比人快，同甲一起出发，碰到乙后又往甲方向走，碰到甲后又往乙方向走，这样继续下去，直到甲、乙两人相遇时，这只狗一共跑了多少千米？"(假设狗的速度恒定，且不计转弯的时间。)

218．哥德巴赫猜想

哥德巴赫是三百多年前德国的数学家。他发现一个规律：每一个大于或等于 6 的偶数，都可以写成两个素数的和(简称"1+1")。如：10=3+7，16=5+11 等。他检验了很多偶数，都表明这个结论是正确的。但他无法从理论上证明这个结论是对的。1748 年，他写信给当时很有名望的大数学家欧拉，请他指导。欧拉回信说，他相信这个结论是正确的，但也无法证明。因为没有从理论上得到证明，所以这个问题只是一种猜想，我们就把哥德巴赫提出的这个问题称为哥德巴赫猜想。

世界上许多数学家为证明这个猜想做出了很大的努力，他们由"1+4"→"1+3"到 1966 年我国数学家陈景润证明了"1+2"。也就是任何一个充分大的偶数，都可以表示成两个数的和，其中一个是素数，另一个或者是素数，或者是两个素数的积。

你能把下面各偶数写成两个素数的和吗？

(1)　100=

(2)　50=

(3) 20=

219. 幻方

请把 1~8 和 -8~-1 这几个数字填入 4×4 的表格，使得每行、每列和每条主对角线上的数字之和都为零。

220. 冰雹数列

随便想一个数。如果它是奇数，则把它乘以 3 再加 1。如果它是偶数，则把它除以 2。对每一个新产生的数都运用这个规则。你知道会发生什么情况吗？

让我们从 1 开始，你将得到：1, 4, 2, 1, 4, 2, 1, 4, 2, …

从 2 开始，你将得到：2, 1, 4, 2, 1, 4, 2, 1, 4, …

从 3 开始，你将得到：3, 10, 5, 16, 8, 4, 2, 1, 4, 2, 1, …

很快你就会发现上述数列最终都会以 1、4、2 循环下去。是不是从任何一个数开始都会有这种性质呢？你可以用 7 试试。

第四章

天才计算

221. 马车运菜

一个城镇在沙漠的中间，人们必须每天到沙漠外面去买蔬菜吃。一个人赶着马车到 1000 公里外的地方去买菜，一天他买到 3000 公斤蔬菜。但是自己的马车一次只能装 1000 公斤的货物。而且由于路途遥远，马每走 1 公里要吃掉 1 公斤菜。问：这个人最多可以运回多少菜？

222. 兔子背胡萝卜

有只兔子在树林里采了 100 根胡萝卜堆成一堆，兔子家离胡萝卜堆 50 米，兔子打算把胡萝卜背回家。但是，兔子每次最多只能背 50 根胡萝卜，而且兔子嘴馋，只要手上有胡萝卜，每走 1 米它就要吃掉 1 根，问兔子最多能背几根胡萝卜回家？

223. 分配任务

班长为全班同学分配任务：七分之一的同学负责扫地，四分之一的同学负责拖地，负责这两个任务的同学数量的差的 5 倍的同学负责打扫厕所，最后剩下的两位同学负责擦黑板和做黑板报。请问：这个班一共有多少个同学？

224. 地租

某农场主将农场平均分成两份租给两个长工，第一个长工在元旦租下一半农场，另一个长工在八月一日租下农场。到了年末，第一个长工交了 12000 元和 100 斤麦子作为地租；第二个长工交了 4000 元和 100 斤麦子作为地租。请问：现在多少钱一斤麦子？

225. 有多少个演员

有个人问剧团团长：剧团现在有多少个演员。他回答说："2/7 的演员去了西藏，1/9 的人去了北京，1/3 的人去了成都，现在还有 102 人留守在长沙。"

请问，这个剧团现在到底有多少演员？

226. 运送物资

解放军在前线抗美援朝，后方志愿者通过卡车往前线运送物资。已知装了物资的卡车每天只能行进 120 公里，不装物资的空车每天可以走 200 公里，如果 6 天往返了 4 次，那么两地相距多少公里？

227. 动物园

明明和红红周末逛动物园，在一个大笼子里关了鸵鸟和斑马。看了一会儿，明明说："我一共看到了 24 个脑袋。"红红说："笼子里一共有 68 条腿。"你知道鸵鸟和斑马各有多少只吗？

228. 领文具

有个人拿着一筐文具往办公室走，另一个公司的人看到了，就问他："你们公司到底有多少人啊，需要这么多文具？"他说："每个人一支笔，每两个人一瓶胶水，每三个人一个订书机，每四个人一把尺子，我一共拿了 120 件文具，还差 5 把尺子呢。"请问，他们公司有多少人？

229. 国王的数学题

有位老国王决定在几位年轻的王子中挑选出一位最聪明的人来继承王位。一天，他把王子们都召集起来，出了一道数学题考他们。题目是：我有金、银两个宝箱，箱内分别装了若干件珠宝。如果把金宝箱中 25% 的珠宝送给第一个算对这个题目的人，把银宝箱中 20% 的珠宝送给第二个算对这个题目的人，然后我从金宝箱中拿出 5 件送给第三个算对这个题目的人，再从银宝箱中拿出 4 件送给第四个算对这个题目的人，最后金宝箱中剩下的比分掉的多 10 件珠宝，银宝箱中剩下的与分掉的珠宝的比是 2∶1。请问，谁能算出我的金宝箱、银宝箱中原来各有多少件珠宝？

230. 各买了多少斤苹果

两个商贩共进了 1000 斤苹果进行批发，一个进得多，一个进得少，但是卖了同样的钱。一个商贩对另一个说："如果我有你那么多的苹果，我能卖到 4900 元。"另一个说："如果我有你那么多的苹果，只能卖到 900 元。"你知道两人各卖了多少斤苹果吗？

231. 有多少名士兵

空降兵深入敌后，有一小拨军队聚集在了一起，长官问一个下士，现在还有多少士兵。下士回答道："如果我们再失去 100 名士兵，我们的食物还够吃 5 天；如果我们再失去 200 名士兵，那食物还够吃 6 天。"

请问，他们现在一共有多少名士兵？

232. 平均速度

某人步行了 5 小时，先沿着平路走，然后上山，最后又沿原路走回出发地。假如他在平路上每小时走 4 千米，上山时每小时走 3 千米，下山时每小时走 6 千米，试问，他 5 小时共走了多少千米？

233. 生产多少个零件

一家工厂 4 名工人每天工作 4 小时，每 4 天可以生产 4 个零件，那么 8 名工人每天工作 8 小时，8 天能生产多少个零件呢？

234. 买衣服

六名同学一起去商店买衣服，其中有两名男生，四名女生。他们各自购买了若干件衣服。购买情况如下。

(1) 每件衣服的价格都以分为最小单位。

(2) 甲购买了 1 件，乙购买了 2 件，丙购买了 3 件，丁购买了 4 件，戊购买了 5 件，而己购买了 6 件。

(3) 两个男生购买的衣服，每件的单价都相同。

(4) 其他四名女生购买的衣服，每件的单价都是男生所购衣服单价的 2 倍。

(5) 这六人总共花了 1000 元。

问：这六人中哪两个人是男生？

235. 排队

有个学校，学生每 3 人一队，正好排完；每 5 人一队，最后还剩 3 人；每 7 人一队，最后也是剩 3 人。那么，你知道这个学校一共有多少名学生吗？

236. 鸡蛋的价钱

我买鸡蛋时，付给杂货店老板 12 元。可我突然发现这些鸡蛋比平时小了很多，于是，我又叫他无偿地添了 2 只鸡蛋给我。这样一来，每打(12 只)鸡蛋的价钱就比当初的价格降低了 1 元。请问，开始时我买了多少只鸡蛋？

237. 公主选婿

相传古时候有位外国公主曾出过这样一道招婿题：一只篮子中有若干李子，取它的一半多 1 个给第一个人，再取其余一半多 1 个给第二个人，又取最后所余的一半又多 3 个给第三个人。这时，篮内的李子就没有剩余了。请问：篮中原有多少个李子？

238．计算题

800 的十分之一的四分之一的一半是多少？

239．组成 100

从下面几个数中挑出若干个，使其相加等于 100。你能找出选用数字最少的方法吗？(每个数字只能用一次。)

2，5，8，17，29，37，46，67，88

240．买牛

一个牧场主去买牛，一共花了 260 美元，买了 260 头牛(只是一种假设，不对应实际情况)。公牛、母牛和小牛各买了一些，其中公牛最贵，母牛其次，小牛最便宜。牛的单价以美元计，每种牛的单价都与买的数量相同。你能计算出每种牛分别买了多少吗？单价又是多少？

241．新款服装

某服装店新进了一批最新款式的服装，很受欢迎。于是，经理决定提价 10% 销售。涨价之后顾客急剧减少，服装开始滞销，于是经理又不得不做出降价 10% 的决定。有人说服装店瞎折腾，涨了 10% 又降了 10%，价格又回到原价位；有人说服装店不会干赔钱的事，实际上价格高了；也有人说服装店自作聪明，实际上是赔了钱。你说呢？服装店现在的价格比原来的售价高了、低了，还是没变？

242．鸡的重量

"这两只鸡一共重 20 斤，"小贩说，"小的比大的每斤贵 2 角钱。"一名顾客花了 8 元 2 角买了那只小的，而另一名顾客花了 29 元 6 角买了那只大的。

问：两只鸡各重多少斤？

243．不可能的赏赐

传说，印度的舍罕国王打算重赏国际象棋的发明人——大臣西萨·班·达依尔。这位聪明的大臣跪在国王面前说："陛下，请你在这张 8×8 的棋盘的第一个小格内，赏给我一粒麦子，在第二个小格内给两粒，在第三个小格内给四粒，照这样下去，每一小格内都比前一小格加一倍，就可以了。"国王说："你的要求不高，我会让你如愿以偿的。"说着，他下令把一袋麦子拿到宝座前，计算麦粒的工作开始了。但是，令人吃惊的事情出现了：还没到第二十个小格，袋子已经空了，一袋又一袋的麦子被扛到国王面前来。但是，麦粒数增长得那样迅速，而格数却增长得很慢。国王很快发现，即使拿出全国的粮食，也兑现不了他对象棋发明人许下的诺言。算算看，国王应给象棋发明人多少粒麦子？

244．保险柜

办公室里有9个保险柜，处长那里有9把钥匙。小刘刚上班的第一天，处长给他布置了个任务："把钥匙和保险柜配对。"如果这些钥匙外表都是一样的，而且没有任何标记，那小刘想要打开每个保险柜只有一把一把地试。请问：小刘最多要试多少次才能把钥匙和保险柜配好对。

245．服装店老板的困惑

有一个服装店老板进了两件衣服，都以每件90元的价格卖掉了，其中的一件赚了50%，另一件赔了50%。那你能告诉这个老板，他是赚、是赔还是持平了呢？

246．指针的角度

经过7小时15分钟，时钟的时针与分针各转了多少度？

247．枪支弹药

有一个团的士兵，团长经过统计后发现：自己团一共有 200 人，有 140 人有枪，有 160 人有弹药，有 20 人既没有枪也没有弹药。那你知道有多少人有枪，也有弹药吗？有多少人只有枪？有多少人只有弹药？

248．七珠项链

小明有 7 颗珠子，其中 5 颗是相同的红色珠子，2 颗是相同的绿色珠子，他想给女朋友小丽做成一个七珠项链。问：可以做出几种不同搭配的项链来？

249．多学科竞赛

在一次多学科竞赛中，共测试 M 个科目，一所学校中有三名学生甲、乙、丙参加了这场竞赛，在每一科目中，第一、第二、第三名分别得 X、Y、Z 分，其中，X、Y、Z 为正整数，且 $X>Y>Z$。最后甲总共得了 22 分，乙与丙均得了 9 分，而且乙在数学科目中取得了第一名。

求 M 的值，并问谁在英语科目中取得了第二名。

250．销售收入

一个做了 4 年公务员工作的人，放弃公职，接受了一份销售的工作。干了一段时间后，有个朋友问起他的基本情况。他说："我已经工作好几个月了。第一个月的时候，我拿到的薪水和我做公务员时的工资一样，5000 多元。后来，每个月我的工资都能涨 230 元。没过多长时间，我的工资就有 7000 多元了。而从做销售到现在我已经赚了 63810 元。"请问：这个人做公务员时工资是多少元？

251．走私

有一艘船专门从事走私活动，在国外装满货物后船重 5.5 吨，路上被海关拦截，损失了三分之一的货物，到岸时，整条船重 5.1 吨。请问：他们在国外一共装了多少吨的货物？船本身有多重？

252．卖西瓜

李老汉家种了一地西瓜，成熟后，两个儿子拉瓜出去卖。大儿子专挑品相好的瓜，小儿子薄利多销。有一天，两个儿子一共从地里拉出去 500 斤瓜，大儿子卖的瓜品相好，比小儿子的价格高 8 角。等瓜都卖完后，大儿子获得 460 元的收入，小儿子得到 450 元的收入。问：两个儿子各拉了多少斤瓜出去卖？

253．三人决斗

三个小伙子同时爱上了一个姑娘，为了决定他们谁能娶这个姑娘，他们决定用手枪进行一次决斗。阿历克斯的命中率是 30%；克里斯比他好些，命中率是 50%；最出色的枪手是鲍博，他从不失误，命中率是 100%。由于这个显而易见的事实，为公平起见，他们决定按这样的顺序：阿历克斯先开枪，克里斯第二，鲍博最后。然后这样循环，直到他们只剩下一个人。那么这三个人中谁活下来的概率最大呢？他们都应该采取什么样的策略？

254．抢糖果

爸爸出差给孩子带回来一包糖果，一共有 100 颗，爸爸让两个孩子从这堆糖果中轮流拿糖，谁能拿到最后一颗糖果谁为胜利者，爸爸会奖励一个神秘的礼物。当然拿糖是有一定条件的：每个人每次拿的糖至少要有 1 颗，但最多不能超过 5 颗。请问：如果你是弟弟，你先拿，你该拿几颗？以后怎么拿就能保证你能得到最后一颗糖果呢？

255. 有趣的字母

有一个等式，如下：

ABCD×9=DCBA(相同字母代表相同的数字)

那么请问：DCBA－ABCD=?

256. 贪心的渔夫

有一个渔夫得到了捕鱼的秘籍，每天打的鱼都是前一天的 3 倍。结果等到第五天的时候，教他秘籍的人说："我告诉你每天不能超过 10 条鱼，你现在五天已经打了 1089 条了。你以后一条鱼也打不到了。"渔夫郁闷地说："我听您说是第一天不能超过 10 条鱼。"请问：他这几天每天打了几条鱼？

257. 奖金

有一个公司，月底的时候给业绩前五名的销售人员发放奖金。公司规定：销售业绩第一名的员工可以得到公司本月提供奖金的一半加 100 元；第二名得到剩下奖金总额的一半加 200 元；第三名得到剩下奖金总额的一半加 300 元；第四名得到此时剩下奖金总额的一半加 400 元；第五名得到最后仅剩的 100 元。

请问，公司提供的奖金总额是多少？

258. 堆高台

堆一层的高台需要 1 块大石头，堆两层的高台需要 5 块大石头，堆三层高台需要 14 块大石头，堆 4 层高台需要 30 块石头。如果堆一个 9 层高台，需要多少块大石头？

259. 导师的诡计

一个博士生导师带了 8 名博士，他每天中午都和这 8 名学生一起吃午饭。有一天一个学生说："老师，您什么时候可以让我们不写论文就得到博士学位？"导师说："这很简单，要不这样吧，我们定个日子：只要你们每人每天都换一下位子，直到你们 8 个人的排列次序重复的时候为止。那一天之后，只要你们 8 个人中的谁还是我的学生，那他不用写论文，我就给他博士学位。"

请你算算，要过多久，这 8 名学生才能不写论文就得到博士学位呢？

260. 轮胎

滕先生买了辆车，除了随车的备胎外，4S 店还多赠送了一个轮胎，就是说他一共有 6 个轮胎。为了让这 6 个轮胎的磨损程度相同，他轮流使用这 6 个轮胎。那么你知道在车跑了 12000 公里的时候，每个轮胎行了多少公里吗？

261. 辛苦的服务员

一名务员正在给餐厅里的 51 位客人上菜，有胡萝卜、豌豆和花菜。要胡萝卜和豌豆的人比只要豌豆的人多 2 位，只要豌豆的人是只要花菜的人的 2 倍。有 25 位客人不要花菜，18 位客人不要胡萝卜，13 位客人不要豌豆，6 位客人要花菜和豌豆，而不要胡萝卜。请问：

(1) 多少位客人三种菜都要？

(2) 多少位客人只要花菜？

(3) 多少位客人只要其中两种菜？

(4) 多少位客人只要胡萝卜？

(5) 多少位客人只要豌豆？

262. 动物赛跑

小兔子的跑步速度是每秒 5 米，小鹿的跑步速度为每秒 6 米，现在两个小动物比赛跑 1000 米，问：小鹿要退后几米，它们才能同时到达终点？

263. 破产分钱

一个投资公司破产了，在清理完账目后，30 个股东分剩下的钱，第一个股东分总数的一半加五毛，第 2 个股东分剩下的一半加五毛，第 3 个股东分剩下的一半加五毛，以此类推，直到最后一个股东分完，一分钱没剩，也没有人得到毛票，都分到了整数的钱。

问：公司最后剩多少钱？每个人分了多少钱？

264. 计算损失

一个卖衣服的商人，某件衣服的进价是 60 元，他标的售价为 80 元，购买者讲价后，他同意以 9 折的价格卖出。后来发现购买者支付的那张 100 元是假钞，商人大悲。现在请你帮那个倒霉的商人算算，他在这件衣服上共损失了多少元钱？

265. 逃脱的案犯

黑猫警长有一个强劲的对手"飞毛腿"，这只老鼠奔跑的速度十分惊人，比黑猫警长还要快，几次都被它逃脱了。一次偶然的机会，黑猫警长发现"飞毛腿"在湖里划船游玩，这可是一个很好的机会。这个圆形小湖半径为 R，"飞毛腿"划船的速度只有黑猫警长在岸上速度的四分之一。黑猫警长沿着岸边奔跑，想抓住要划船上岸的"飞毛腿"。这次"飞毛腿"还能不能侥幸逃脱呢？

266．大小关系

当 B 大于 C 时，X 小于 C；但是 C 绝不会大于 B，由此可得出：（　　）

A. X 绝不会大于 B

B. X 绝不会小于 B

C. X 绝不会小于 C

267．兔妈妈分萝卜

兔妈妈分萝卜。如果家中每个宝宝分 1 根还剩 1 根，如果每个宝宝分 2 根则少 2 根。那么，家中有几个宝宝？兔妈妈有几根萝卜？

268．做题速度

三名同学比赛做题速度，规定在一个小时内，谁做得多谁就算赢。时间到了，他们统计各自做的题数。王同学说："我做了 12 道，比李同学少 2 道，比张同学多 1 道。"李同学说："我做的题在三个人中不是最少的，张同学和我相差了 3 道，他做了 15 道。"张同学说："我做的题比王同学少，王同学做了 13 道，李同学做了 11 道。"如果三名同学每个人说的三句话中只有两句是正确的，那么他们分别做了多少道题呢？

269. 12 枚硬币

有 12 枚硬币，包括 1 分、2 分和 5 分，共 3 角 6 分。其中有 5 枚硬币是一样的，那么这 5 枚一定是几分的硬币？

270. 国王的年龄

考古队到沙漠考古，发现了一块墓碑，上面记着这样几句话："我曾经是一个伟大的国王。在我的一生中，前 1/8 是快乐的童年。过完童年，我花了 1/4 的生命来周游世界，增加自己的才能。在这之后，我继承了皇位，休养生息 4 年后，取得了强大的国力，然后与邻国开始了持续 12 年的战争。我在位的时间只持续了我生命的 1/2，之后被奸臣推下了台，便在绝望中度过了 9 年，也跟着结束了我的一生。"

根据墓碑上的信息，你能算出这个国王最终的年龄吗？

271. 涂色问题

在下图的 1×6 矩形长条中涂上红、黄、蓝三种颜色，每种颜色限涂两格，且相邻两格不同色，则不同的涂色方法共有多少种？

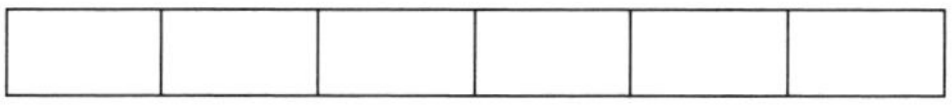

272. 猴子偷吃桃

四只猴子手中拿着桃，每只猴子的桃的数量不同，在 4 个到 7 个之间。

然后，四只猴子都吃掉了 1 个或 2 个桃，结果剩下的桃数量还是各不相同。

四只猴子吃过桃以后，说了如下的话。

猴子甲："我吃过红色的桃。"

猴子乙："猴子甲现在手里有 4 个桃。"

猴子丙："我和猴子丁共吃了 3 个桃。"

猴子丁说了两句话："猴子乙吃了 2 个桃。""猴子丙现在拿着的桃数量不是 3 个。"

现在我们知道：这四只猴子里，吃了 2 个桃的猴子说了谎话，吃了 1 个桃的猴子说了实话。

请问：最初每只猴子有几个桃？它们分别吃了几个？又都剩下了几个呢？

273．被困的海盗

一艘海盗船被天上掉下来的一块石头给砸中了，5 个倒霉的家伙只好逃难到一个孤岛，发现岛上空荡荡的，只有棵椰子树和一只猴子。

大家把椰子全部采摘下来放在一起，但是天已经很晚了，所以就决定先去睡觉。

晚上某个家伙起床悄悄地将椰子分成 5 份，结果发现多一个椰子，就顺手给了那只猴子，然后悄悄地藏了一份，把剩下的椰子混在一起放回原处后，悄悄地回去睡觉了。

过了会儿，另一个家伙也起床悄悄地将剩下的椰子分成 5 份，结果发现多一个椰子，顺手就又给了幸运的猴子，然后悄悄地藏了一份，把剩下的椰子混在一起放回原处后，悄悄地回去睡觉了。

又过了一会儿……

又过了一会儿……

总之，5 个家伙都起床过，都做了一样的事情。

早上大家都起床后，各自心怀鬼胎地分椰子了，这个猴子还真不是一般的幸运，因为这次把椰子分成 5 份后居然还是多一个椰子，只好又给它了。

问题来了，这堆椰子至少有多少个？

274．刷碗

小明和小红是兄妹俩，妈妈让他们去刷碗，自己在客厅里看电视。等到 10 个碗都被刷好的时候，兄妹俩一起走到妈妈面前。妈妈转过脸对他们说："小明，把你刷的碗数乘以 3；小红，把你刷的碗数乘以 4，再把两个数加起来，告诉我答案。"

两人同时回答："34。"

妈妈说："那我知道你们每个人刷多少个碗了，小明刷的碗比小红多。"

请你算一下，俩人各刷了几个碗？妈妈是怎么知道的？

275. 画出球的表面积

假如给你一个足够大的圆规、一个足球、一张白纸，你能只用圆规在白纸上画出足球表面积一半那么大的圆吗？

276. 一个比四个

有两个一样大的正方形，一个正方形内有一个内切圆，另一个正方形分成了四个完全相同的小正方形，每个小正方形内有一个内切小圆。请问：四个小圆的面积之和与大圆的面积哪个大？

277. 分田地

解放战争时，有个村子在打土豪、分田地。最后就剩下两个农户了，他们两人要分三块地。三块地刚巧都是正方形的，边长分别为30米、40米、50米。村民打算把这三块地平均分给两个农户，该怎么分？

278. 水与水蒸气

已知水蒸发变成水蒸气，体积增加了 10 倍(考虑存在一定的外部压强)，那么如果这些水蒸气再变成水(假设温度和压强不变)，体积变为原来的几分之几？

279. 起起落落

在某地的一个食品店，引入了一种海鲜。由于这里的人没有吃过海鲜，就都不敢吃。老板看了之后，决定降价15%，先让大家尝尝鲜。结果过了一段时间后，海鲜市场打开了，海鲜也变得供不应求。老板想了想就决定再涨价15%。那现在的海鲜价格比起最开始，是高了、低了还是没变？

280. 工厂车间

在一个工厂车间里，有两条传输皮带，皮带的长度都是100米，两个皮带的终点在一起，甲、乙两种原料分别在两个皮带的起点被放到皮带上。运输甲的为1号皮带，运输乙的为2号皮带。由于两个皮带的转动速度不同，当甲到达终点的时候，乙还有 10 米才能到。为了让甲、乙两种原料同时到达终点，车间主任把皮带做了改进：保持各自速度不变，把 1 号皮带延长 10 米。这样，两种原料是不是能同时到达终点了？

281．卖金鱼

马大叔在市场上开了个商店，专门卖各种各样的金鱼。过了几天他发现，黄尾和红尾的金鱼最好卖。但是令他不解的是，有时候一天红尾金鱼最好卖，有时候黄尾金鱼好卖，似乎客人总是扎堆买同一种金鱼。由于进价的原因，黄尾金鱼 10 块钱 5 只，红尾金鱼 10 块钱 2 只。他想着如果把两种金鱼搭配着卖就能卖得更多了，于是他进了同样数量的黄尾金鱼和红尾金鱼混在一起，卖 20 元 7 只金鱼。卖光后，他发现比单独卖少卖了 180 元钱。这是怎么回事呢？他进货时黄尾金鱼、红尾金鱼各进了多少只？

282．在风中飞行的飞机

一架飞机从 A 地沿直线飞往 B 地，然后从 B 地沿原航线返回 A 地。飞行途中，没有风，且飞机的发动机速度保持不变。现在的问题是，如果其他的条件保持不变，只是在全航程中从 A 地刮向 B 地有一定量的不变风速，那么，这架飞机往返航程所需的时间和原来无风时相比，是会更多、更少还是保持不变？

283．两支蜡烛

房间里的电灯突然熄灭了：停电了。我的作业还没有写完，于是我点燃了书桌里备用的两支新蜡烛，在烛光下继续写作业，直到电又来了。

第二天，我想知道昨晚电停了多长时间。但是当时我没有注意停电和来电的具体时间，而且也不知道蜡烛的原始长度。我只记得那两支蜡烛一样长，但粗细不同，其中粗的一支燃尽需要 5 小时，细的一支燃尽需要 4 小时。两支蜡烛是一起点燃的，剩下的蜡烛都很小了，其中一支残烛的长度等于另一支残烛的 4 倍。

请你根据上述资料，算出昨天停电的时间有多长。

284．少卖了 2 元钱

李大妈在早市卖花，她每天卖黄玫瑰、红玫瑰、蓝玫瑰各 24 朵，其中每 2 朵黄玫瑰 1 元，每 3 朵红玫瑰 1 元，每 4 朵蓝玫瑰 1 元。有一天，一位路人告诉她，如果把三种玫瑰混在一起卖，每 9 朵卖 3 元，这样让客人自己搭配能卖得快一些。第二天，李大妈就尝试着这样做，最后玫瑰花卖完了，却只卖了 24 元，比平时少卖了 2 元，这 2 元钱哪里去了呢？

285. 三张组合

有红桃、黑桃、梅花的 A～5 共 15 张牌，从中抽出 3 张，这 3 张牌的点数大小组合共有多少种？

286. 花色组合

从一副牌中去掉所有的方块，只剩下 3 种花色。现在从中抽出 4 张牌，能得到多少种花色组合？

第五章

奥数精选

287．水果店

李明的爸爸经营一家水果店，按开始的定价，每卖出 1 千克水果，可获利 0.2 元。后来李明建议爸爸降价销售，结果降价后每天的销量增加了 1 倍，每天获利比原来增加了 50%。问：每千克水果降价了多少元？

288．母子的年龄

一天，华华和妈妈一起在街上走，遇见了妈妈的同事。妈妈说这个同事是个数学老师。于是，华华决定考一下这位老师。

当妈妈的同事问华华今年几岁时，华华说："我给你提供一些线索，你自己算一下吧！"

于是华华说了两点：

(1) 妈妈比我大 26 岁；

(2) 4 年后妈妈的年龄是我的 3 倍。

如果你是这位数学老师，你能猜出华华和她妈妈今年各多少岁吗？

4 年后妈妈的年龄是我的 3 倍

289．两种路面

甲、乙两地相距 420 千米，其中一段路面铺了柏油，另一段是泥土路。一辆汽车从甲地驶到乙地用了 8 小时，已知在柏油路上行驶的速度是每小时 60 千米，而在泥土路上行驶的速度是每小时 40 千米。请问：泥土路长多少千米？

290．买铅笔

李军和张强付同样多的钱买了同一种铅笔，李军要了 13 支，张强要了 7 支，李军又给了张强 0.6 元钱。请问：每支铅笔多少钱？

291．公共汽车

一个人沿着街走，每 2 分钟迎面开来一辆公共汽车，每 8 分钟身后开来一辆公共汽车，请问：该公共汽车几分钟一趟？

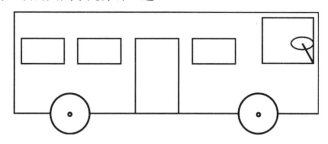

292．买文具

妈妈让小红去商店买 5 支铅笔和 8 个练习本，按价钱给小红 3.8 元钱。结果小红却买了 8 支铅笔和 5 个练习本，找回 0.45 元。求一支铅笔多少元？

293．故事书

小红和小华共有故事书 36 本。如果小红给小华 5 本，两个人故事书的本数就相等，原来小红和小华各有多少本？

294．单价

学校买了 4 张桌子和 6 把椅子，共用 640 元。2 张桌子和 5 把椅子的价钱相等。请问：桌子和椅子的单价各是多少元？

295．分铅笔

王老师有一盒铅笔，如平均分给 2 名同学余 1 支，平均分给 3 名同学余 2 支，平均分给 4 名同学余 3 支，平均分给 5 名同学余 4 支。

问：这盒铅笔至少有多少支？

296. 运走货物

仓库有一批货物，运走的货物与剩下的货物的质量比为 2：7。如果又运走 64 吨，那么剩下的货物只有仓库原有货物的五分之三。请问：仓库原有货物多少吨？

297. 两堆沙子

建筑工地有两堆沙子，第 1 堆比第 2 堆多 85 吨，两堆沙子各用去 30 吨后，第 1 堆剩的是第 2 堆的 2 倍，两堆沙子原来各有多少吨？

298. 未知的生物

瓶子里有两种未知生物，开始的时候有 1 只 X、20 只 Y。每 1 分钟，X 要吃掉 1 只 Y。

同时，X 和 Y 每分钟都要分裂成原来数目的 2 倍，问在第几分钟的时候，瓶子里的 Y 会被吃光？

299. 连环画

小华有连环画的本数是小明的 6 倍，如果两人各再买 2 本，那么小华所有的本数是小明的 4 倍。问：两人原来各有连环画多少本？

300．合修水渠

甲、乙、丙三个村合修一条水渠，修完后，甲、乙、丙村可灌溉的面积比是 8∶7∶5。原来三个村计划按可灌溉的面积比派出劳力，后来因为丙村抽不出劳力，经协商，丙村应抽出的劳力由甲、乙两村分担，丙村付给甲、乙两村工钱 1350 元，结果，甲村共派出 60 人，乙村共派出 40 人。

问：甲、乙两村各应分得工钱多少元？

301．搬运货物

搬运一个仓库的货物，甲需要 10 小时，乙需要 12 小时，丙需要 15 小时。

有同样的仓库 A 和 B，甲在 A 仓库、乙在 B 仓库同时开始搬运货物，丙开始帮助甲搬运，中途又转向帮助乙搬运。最后两个仓库的货物同时搬完。

问：丙帮助甲、乙各多少时间？

302．测量方法

小英和小敏为了测量飞驶而过的火车速度和车身长，他们拿了 2 块秒表。

小英用 1 块表记下了火车从她面前通过所花的时间是 15 秒；小敏用另 1 块表记下了从车头过第一根电线杆到车尾过第二根电线杆所花的时间是 20 秒。

已知两电线杆之间的距离是 100 米。你能帮助小英和小敏算出火车的全长和时速吗？

303．跑步

小明和小芳围着一个池塘跑步，两人从同一点出发，同向而行。小明跑 280 米/分钟；小芳跑 220 米/分钟。8 分钟后，小明追上小芳。请问：这个池塘的一周有多少米？

304．长方形纸板

有一个长方形纸板，如果只把长增加 2 厘米，面积就增加 8 平方厘米；如果只把宽增加 2 厘米，面积就增加 12 平方厘米。这个长方形纸板原来的面积是多少？

305．结的影子

你在地上看到一段绳子，但光线太暗，看不清绳结相交处哪头在上，哪头在下。如果它打成一个结，那么拉绳子的一端就会收紧。

这可能吗？如果绳子完全随机放置，你能算出这段绳子打了结的概率吗？

306．两桶油

有两桶油，甲桶油的质量是乙桶油的质量的 4 倍，如果从甲桶倒入乙桶 18 千克，两桶油就一样重。请问：原来每桶各有多少千克油？

307．外出参观

学校组织外出参观，参加的师生一共 360 人。一辆大客车比一辆卡车多载 10 人，6 辆大客车和 8 辆卡车载的人数相等。

请问：

(1) 师生都乘卡车需要几辆？

(2) 师生都乘大客车需要几辆？

308．5 桶油

有 5 桶油质量相等，如果从每桶里取出 15 千克，则 5 桶里所剩下油的质量正好等于原来 2 桶油的质量。原来每桶油重多少千克？

309．学校采购

学校里买来了 5 个保温瓶和 10 个茶杯，共用了 90 元钱。每个保温瓶的价钱是每个茶杯价钱的 4 倍。请问：每个保温瓶和每个茶杯各多少元钱？

310．农妇卖鸡蛋

从前，有两个农妇，她们是好朋友。一天，她们一起去集市卖鸡蛋。

已知，她们两个人一共带了 100 个鸡蛋。一个人带得多些，一个人带得少些。

但是她们卖的单价不同。最后，当两个人都卖完了自己的鸡蛋后，她们发现两个人竟然卖了同样的钱。

这时，其中一个农妇对另一个说："如果我有你那么多的鸡蛋，我就能卖 18 元钱。"另一个农妇则说："如果我有你那么多鸡蛋，只能卖 8 元钱。"

请问：你能从两个人的对话中了解两个人各带了多少个鸡蛋吗？两个人卖鸡蛋的单价分别是多少？

311．存储粮食

有甲、乙两个仓库，每个仓库平均储存粮食 32.5 吨。甲仓库的存粮吨数比乙仓库的 4 倍少 5 吨，甲、乙两个仓库各能储存粮食多少吨？

312．蓄水池

一个蓄水池，每分钟流入 4 立方米水。如果打开 5 个水龙头，2 小时半就把水池中的水放完；如果打开 8 个水龙头，1 小时半就把水池中的水放完。现打开 13 个水龙头，问要多少时间才能把水池中的水放完？(每个水龙头每小时放走的水量相同。)

313. 余数之和

有一个整数，用它去除 70、110、160 得到的三个余数之和是 50。求这个数。

314. 兔子种胡萝卜

两只兔子种胡萝卜，它们的种子数量和田地块数都相同。

兔子甲在每块田里撒了 1 袋种子；

兔子乙在每块田里撒了 3 袋种子。

到种完以后发现：

兔子甲种完了所有的田地，还剩下 5 袋种子；

兔子乙的种子用完了，还剩下 5 块田地没有种。

那么，它们原来各有多少块田地和多少袋种子呢？

315. 四瓶啤酒

有四瓶啤酒，你能设计出一种摆法，使每两个啤酒瓶的瓶盖之间的距离相等吗？

316. 春游

学校组织春游，同学们 13 点从学校出发，走了一段平路，爬了一座山后按原路返回，19 点回到学校。已知他们的步行速度平路为 4 千米/小时，爬山为 3 千米/小时，下山为 6 千米/小时，返回时间为 2.5 小时。问：他们一共走了多少千米的路？

317. 四人的年龄

小春一家四口人今年的年龄之和为 147 岁，爷爷比爸爸大 38 岁，妈妈比小春大 27 岁，爷爷的年龄是小春与妈妈年龄之和的 2 倍。小春一家四口人的年龄各是多少岁？

318. 乘船过河

一队少先队员乘船过河，如果每船坐 15 人，还剩 9 人；如果每船坐 18 人，刚好剩余 1 只船。求有多少只船？

319. 男女比例

某工会男女会员的人数之比是 3∶2，分为甲、乙、丙三组，已知甲、乙、丙三组人数之比是 10∶8∶7，甲组中男女比是 3∶1，乙组中男女比是 5∶3。

求：丙组男女人数之比是多少？

320. 是赚还是赔

某书店老板去图书批发市场购买某种图书，第一次购书用去 100 元，按该书定价 2.8 元出售，很快售完，获利 40 元。第二次购书时，每本的批发价比第一次增加了 0.5 元，用去 150 元，所购数量比第一次多 10 本，当这批书售出 4/5 时出现滞销，便以定价的 5 折售完剩余图书。试问：该老板第二次售书是赔钱还是赚钱？若赔，赔多少？若赚，赚多少？

321. 促销手段

电影票原价每张若干元，现在每张降低 3 元出售，观众增加一半，收入增加五分之一。请问：一张电影票原价多少元钱？

322. 教室的钟

小明放学时发现教室的钟正指向 15 点 55 分。回到家后，家里的钟是 16 点 10 分。这时他发现把课本忘在教室了，只好以同样的速度原路返回去拿。到教室时，发现墙上的时钟指向 16 点 15 分。家里的钟是准确的，那么教室的时钟是快了还是慢了？差了多少分钟？

323. 手机的利润

小王是一位二手手机销售商。通常情况下，他买下硬件完好的旧手机，然后转手卖出，并从中赚取 30% 的利润。

某次，一位客户从小王手里买下一部手机，但是 3 个月后，手机坏了。大为不满的客户找到小王要求退款。小王拒绝退款，但同意以当时交易价格的 80% 回收这部手机。客户最后很不情愿地答应了。

你知道小王在整个交易中赚了多少个百分点的利润吗？

324. 篮子中的气球

有三个篮子，分别为 1 号、2 号、3 号。2 号篮子中的气球数是 3 号篮子中气球数的 3 倍，1 号篮子中的气球数是 3 号篮子中的 2 倍，并且每个篮子中的气球数不超过 10 个。

请你计算一下，这三个篮子中分别有多少个气球？

325. 合作修路

甲、乙两队共同修一条长度为 400 米的公路，甲队从东往西修 4 天，乙队从西往东修 5 天，正好修完，甲队比乙队每天多修 10 米。甲、乙两队每天共修多少米？

326. 本金有多少

杰克和杰瑞在玩一个小小的游戏。

杰克开始分牌，并且定了如下规则：

第一局输的人，输掉他所有钱的五分之一；

第二局输的人，输掉他那时拥有的四分之一；

而第三局输的人，则需支付他当时拥有的三分之一。

于是他们开始玩，并且相互间准确付了钱。

第三局杰瑞输了，付完钱后他站起来说：“我觉得这种游戏投入的精力太多，回报太少。直到现在我们之间的钱数，总共才相差 7 元钱。”

这自然是很小的游戏，因为他们合起来一共也只有 75 元钱的本金。

试问，在游戏开始的时候杰克有多少钱呢？

327. 加工零件

甲、乙两人共同完成 242 个机器零件。甲做一个零件要 6 分钟，乙做一个零件要 5 分钟。完成这批零件时，两人各做了多少个零件？

328. 上学路上

小明从家里到学校，如果每分钟走 50 米，则正好到上课时间；如果每分钟走 60 米，则离上课时间还有 2 分钟。问：小明从家里走到学校有多远？

329. 骑自行车

李强骑自行车从甲地到乙地，每小时行 12 千米，5 小时到达，从乙地返回甲地时因逆风多用 1 小时，返回时平均每小时行多少千米？

330. 盐水的浓度

在浓度为 40% 的盐水中加入 1 千克水,浓度变为 30%,再加入多少千克盐,浓度变为 50%?

331. 数学竞赛

哈利·波特参加数学竞赛,他一共得了 68 分。评分的标准是:每做对一道题得 20 分,每做错一道题倒扣 6 分。已知他做对题的数量是做错题的 2 倍,并且所有的题他都做了,请问这套试卷共有多少道题?

332. 砝码与天平

有一个两臂不一样长却处于平衡状态的天平,给你两个 500 克的砝码,如何称出 1 千克的糖?

333. 做练习题

小王、小李、小张三人做数学练习题,小王做的题数的一半等于小李做的题数的 1/3,等于小张做的题数的 1/8,而且小张比小王多做了 72 道题。小王、小张、小李各做了多少道题?

334. 承包任务

甲、乙、丙三人承包一项任务,完工后共得承包工资 1800 元,三人完成这项任务的情况是:甲、乙两人先合作 6 天完成任务的 1/3;甲离去,乙、丙接着合作两天完成余下任务的 1/4；然后三人合作 5 天完成任务，按完成工作量的情况，甲、乙、丙各应得多少元钱？

335．积木

有一些积木的块数比 50 多，比 70 少，每 7 个一堆，多了 1 块；每 9 个一堆，还是多 1 块。请问：这些积木有多少块？

336．齐头并进

现有两列火车同时同方向齐头行进，行 12 秒后快车超过慢车。快车每秒行 18 米，慢车每秒行 10 米。如果这两列火车车尾相齐同时同方向行进，则 9 秒后快车超过慢车。求两列火车的车身各是多少米。

337．乘飞机旅行

爸爸、妈妈和奶奶乘飞机去旅行，三人所带行李的质量都超过了可免费携带行李的质量，要另付行李费，三人共付了 4 元，而三人的行李共有 150 千克，如果这些行李让一个人带，那么除了免费部分，应另付行李费 8 元，求每人可免费携带行李的重量。

338．红、蓝钢笔

某人到商店买红、蓝两种钢笔，红钢笔定价为 5 元，蓝钢笔定价为 9 元，由于购买量较多商店给予优惠，则红钢笔打八五折，蓝钢笔打八折，结果此人付的钱比原来节省了 18%，已知他买了蓝钢笔 30 支，那么，他买了多少支红钢笔？

339．穿过隧道

一列火车通过 440 米的桥需要 40 秒，以同样的速度穿过 310 米的隧道需要 30 秒。请问：这列火车的速度和车身长各是多少？

340．剩下的牌

有 9 张纸牌，分别为 1～9。A、B、C、D 四人取牌，每人取两张。现已知 A 取的两张牌之和是 10；B 取的两张牌之差是 1；C 取的两张牌之积是 24；D 取的两张牌之商是 3。请说出他们四人各拿了哪两张纸牌，剩下的一张又是什么牌？

341. 余数问题

一个数，用 2 除余 1，用 5 除余 2，用 7 除余 3，用 9 除余 4，问这个数最小是几？

342. 两个村庄

甲每小时行 12 千米，乙每小时行 8 千米。某日甲从东村到西村，乙同时从西村到东村，已知乙到东村时，甲已先到西村 5 小时。求东、西两村的距离是多少千米。

343. 种树

7 个小队共种树 100 棵，各小队种的棵数都不相同，其中种树最多的小队种了 18 棵，请问种树最少的小队至少种了多少棵？

344. 队长的年龄

一个老年人足球队里共有 5 名正式队员和 3 名候补队员，共计 8 人。一次，一名记者问队长：您今年有多大年纪了？

队长说了如下两句话。

(1) 除我之外，他们 7 人的平均年龄是 70 岁。

(2) 我比全队的平均年龄大 7 岁。

请问，队长多大年纪？

345．巧分果汁

　　小陈有两个小外甥。一天，他带了一瓶 4L 的果汁去看他们，并想把果汁平分给两个孩子。但是他只找到了两个空瓶子，一个容量是 1.5L，另一个容量是 2.5L。那么，有什么办法可以用这三个瓶子把果汁平均分配给他们呢？

346．数字排列

　　自然数 1～100 按顺序排列起来，每行 10 个数字，共 10 行。现在用一个长方形框出两行共六个数，这六个数的和为 432，问这六个数中最小的数是多少。

347．计划用煤

　　某厂运来一堆煤，如果每天烧 1500 千克，比计划提前 1 天烧完；如果每天烧 1000 千克，将比计划多烧 1 天。请问这堆煤有多少千克？

348．阿聪和阿傻

　　阿聪和阿傻到公园去玩，他俩想买一瓶可乐喝，阿聪差 1 元，阿傻差 1 分，可是把他俩的钱合起来还是不够。

　　请问一瓶可乐多少钱？

349．水桶装水

用一只水桶装水，把水加到原来的 2 倍，连桶的质量是 10 千克，如果把水加到原来的 5 倍，连桶的质量是 22 千克。请问桶里原有水多少千克？

350．接钢管

在一根粗钢管上接细钢管。如果接两根细钢管总长度为 18 米，如果接五根细钢管总长度为 33 米。请问一根粗钢管和一根细钢管各长多少米？

351．儿子的年龄

父亲今年 45 岁，5 年前父亲的年龄是儿子的 4 倍，请问今年儿子多少岁？

352．买水果

妈妈买苹果和梨各 3 千克，付出 20 元，找回 7.4 元。每千克苹果 2.4 元，那么每千克梨多少元？

353．平行四边形的面积

有一个平行四边形，如果只把底增加 8 米，或只把高增加 5 米，它的面积都增加 40 平方米。求这个平行四边形原来的面积。

354．最大与最小

用 3、5、7、0 分别组成两个两位数(各位数字不重复)，哪两个数的乘积最大？哪两个数的乘积最小？

355．骑摩托车

某人从甲地到乙地，先骑 12 小时摩托车，再骑 9 小时自行车正好到达。

返回时，先骑 21 小时自行车，再骑 8 小时摩托车也正好到达。从甲地到乙地如果全骑摩托车需要多少时间？

356．连续的偶数和

把 1988 表示成 28 个连续偶数的和，那么其中最大的那个偶数是多少？

357．无人缺勤

某工厂 11 月份工作忙，星期日不休息，而且从第一天开始，每天都从总厂陆续派相同人数的工人到分厂工作，直到月底，总厂还剩工人 240 人。

如果月底统计总厂工人的工作量是 8070 个工作日(1 人工作 1 天为 1 个工作日)，且无人缺勤，那么，这个月由总厂派到分厂工作的工人共有多少人？

358．一堆糖果

由奶糖和巧克力糖混合成一堆糖，如果增加 10 颗奶糖后，巧克力糖占总数的 60%。再增加 30 颗巧克力糖后，巧克力糖占总数的 75%。那么原混合糖中有奶糖多少颗？巧克力糖多少颗？

359．股票交易

股票交易中，每买进或卖出一种股票都必须按成交额的 1%和 2%分别缴纳印花税和佣金(通常所说的手续费)。老王 10 月 8 日以每股 10.65 元的价格买进一种科技股票 3000 股，第二年 6 月 26 日以每股 13.86 元的价格将这些股票全部卖出，老王卖出这种股票一共赚了多少钱？

360．分图书

学校购买 840 本图书分给高、中、低三个年级段的学生使用，高年级段分的是低年级段的 2 倍，中年级段分的是低年级段的 3 倍少 120 本。三个年级段各分得多少本图书？

361．狼的数量

有五个猎人一起去打狼。在晚上整理猎物的时候，发现：A 与 B 共打了 14 头狼，B 与 C 共打了 20 头狼，C 与 D 共打了 18 头狼，D 与 E 共打了 12 头狼。

而且 A 和 E 打的狼的数量一样多。C 先把他的狼和 B、D 的狼放在一起平分为三份，各取其一。然后，其他的人也这么做。

D 同 C、E 联合，E 同 D、A 联合，A 同 E、B 联合，B 同 A、C 联合。这样分下来，每个人获得的狼的头数一样多，并且在分的过程中，没有出现把狼分割成块的现象。那么，你能算出每个人各打了多少头狼吗？

362．参加竞赛

甲、乙两校共有 22 人参加竞赛，甲校参加人数的五分之一比乙校参加人数的四分之一少 1 人，请问甲、乙两校各有多少人参赛？

363．不同的蜡烛

两支成分不同的蜡烛，其中一支以均匀速度燃烧，两小时烧完，另一支可以燃烧 3 小时，18 点 30 分同时点燃蜡烛，到什么时候一支剩余部分正好是另一支剩余的 2 倍？

364．骄傲的兔子

　　兔子和乌龟赛跑，它们沿着一个圆形的跑道背对背比赛，并规定谁先绕一圈回到出发点谁就胜利。兔子先让乌龟跑了 1/8 圈，然后才开始动身。但是这只兔子太骄傲了，慢吞吞地边走边啃胡萝卜，直到遇到了迎面来的乌龟，它才慌了，因为在相遇的这一点上，兔子才跑了 1/6 圈。

　　请问：兔子为了赢得这次比赛，它的速度至少要提高到原来的几倍呢？

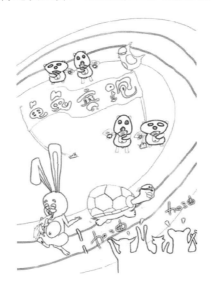

365．书店优惠

　　某书店对顾客有一项优惠政策，凡购买同一种书 100 本以上，就按书价的 90% 收款。某学校到书店购买甲、乙两种书，其中乙种书的册数是甲种书册数的 3/5，而且只有甲种书得到了 90% 的优惠。其中买甲种书所付的钱数是买乙种书所付钱数的 2 倍。已知乙种书每本 1.5 元，那么甲种书每本的定价是多少元？

366．申请贷款

　　某厂向银行申请甲、乙两种贷款共 30 万，每年需支付利息 4 万元，甲种贷款年利率为 12%，乙种贷款年利率为 14%，该厂申请甲、乙两种贷款金额各是多少元？

367．体育达标

育才小学原来体育达标人数与未达标人数比是 3∶5，后来又有 60 名同学达标，这时达标人数是未达标人数的 9/11，育才小学共有学生多少人？

368．提前完成

一项工程原计划由 40 人做，15 天完成。如果要提前 3 天完成，需要增加多少人？

369．一起工作

一件工作，若由甲单独做 72 天完成，现在甲做 1 天后，乙加入一起工作，合作 2 天后，丙也一起工作，三人再一起工作 4 天，完成全部工作的 1/3，又过了 8 天，完成了全部工作的 5/6，若余下的工作由丙单独完成，还需要几天？

370．两人存款

甲、乙在银行存款共 9600 元，如果两人分别取出自己存款的 40%，再从甲存款中提 120 元给乙。这时两人的钱相等，求乙的存款原来有多少元？

371．家庭比赛

明明一家八口人举行拔河比赛。

其中三场比赛的结果如下。

第一场：父亲为一方，五个孩子(两男三女)为另一方进行比赛，父亲输了。

第二场：母亲为一方，五个孩子(一男四女)为另一方进行比赛，母亲赢了。

第三场：父亲加一个儿子为一方，母亲加三个孩子(三女)为另一方进行比赛，父亲的一方赢了。

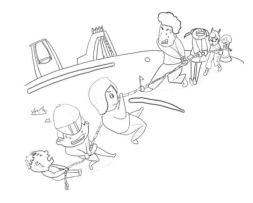

现在请问：母亲加两个男孩与父亲加三个女孩进行拔河比赛，结果将会怎样？

372．两列火车

有两列火车，一列长 102 米，每秒行 20 米；一列长 120 米，每秒行 17 米。两车同向而行，从第一列车追上第二列车到两车离开需要几秒？

373．接力赛

四(1)班有 4 人参加 4×50 米接力赛，问有多少种不同的安排方法？

374．两个仓库

如果从甲仓库搬 67 吨货物到乙仓库，那么甲仓库的货物正好是乙仓库的 2 倍；如果从甲仓库搬 17 吨货物到乙仓库，那么甲仓库的货物正好是乙仓库的 5 倍，原来两仓库各存货物多少吨？

375．若干年后

父亲今年 45 岁，儿子今年 15 岁，多少年前父亲的年龄是儿子年龄的 11 倍？

376．两路公共汽车

上午 6 时从汽车站同时发出 1 路和 2 路公共汽车，1 路车每隔 12 分钟发 1 次，2 路车每隔 18 分钟发 1 次，求下次同时发车时间。

377．数学知识竞赛

光明小学举办数学知识竞赛，一共有 20 道题。答对一道题得 5 分，答错一道题扣 3 分，不答得 0 分。小丽得了 79 分，那么她答对几道？答错几道？有几道题没答？

378．双科竞赛

学校举办语文、数学双科竞赛，三年级一班有 59 人，参加语文竞赛的有 36 人，参加数学竞赛的有 38 人，一科也没参加的有 5 人。请问双科都参加的有多少人？

379．锯木料

把一根木料锯成 3 段需要 9 分钟，那么用同样的速度把这根木料锯成 5 段，需要多少分钟？

380．两个加数

两个数的和是 572，其中一个加数个位上是 0，去掉 0 后，就与第二个加数相同。这两个数分别是多少？

381. 修公路

某筑路队承担了修一条公路的任务。原计划每天修 720 米，实际每天比原计划多修 80 米，这样实际修到差 1200 米的阶段时就能提前 3 天完成。请问：这条公路全长为多少米？

382. 快车和慢车

一列快速火车和一列慢速火车，同时分别从甲、乙两地相对开出。快车每小时行 75 千米，慢车每小时行 65 千米，相遇时快车比慢车多行了 40 千米，甲、乙两地相距多少千米？

383. 马狗赛跑

有位猎人养了一匹马和一只猎狗，并且经常举行赛跑来训练它们。狗速度敏捷，跑 6 步的时间，马只能跑 5 步。

但是，马的步子大，狗跑 7 步的距离和马跑 4 步的距离相同。狗在马的前面 5.5 千米的位置开始跑，马在后面追赶。

问：狗跑多长的距离，才能被马追上？

384. 禁止通行

甲乙两辆客车上午 8 时同时从两个车站出发，相向而行，经过一段时间，两车同时到达一条河的两岸。由于河上的桥正在维修，车辆禁止通行，两车需交换乘客，然后按原路返回各自出发的车站，到站时已是 14 点。甲车每小时行 40 千米，乙车每小时行 45 千米,请问两地相距多少千米? (交换乘客的时间略去不计。)

385．桌椅价格

已知一张桌子的价钱是一把椅子的 10 倍,又知一张桌子比一把椅子多 288 元,一张桌子和一把椅子各多少元钱?

386．苹果数量

大明、老张、小李三个好伙伴在城里打工,年底合买了一堆苹果准备给家人带回去,然后三人都躺下睡起觉来。

过了一会儿大明先醒来,看看另两个人还在睡觉,便自作主张将地上的苹果分成 3 份,发现还多一个,就把那个苹果吃了,然后拿着自己的那份走了。

老张第二个醒来,说道:"怎么大明没拿苹果就走了?不管他,我把苹果分一下。"于是他也将苹果分成 3 份,发现也多一个,也把多的那个给吃了,拿着自己的那份走了。

小李最后一个醒来,说道:"奇怪?两个伙伴怎么都没拿苹果就走了?"于是又将剩下的苹果分成 3 份,发现也多一个,便也把它吃了,拿着自己那份回家了。

请问,一开始至少有多少个苹果?

387．男工与女工

在一个车间中,女工比男工少 35 人,男工、女工各调出 17 人后,男工人数是女工人数的 2 倍。原有男工多少人,女工多少人?

388．油桶

一桶油连桶的质量是 16 千克,用去一半后,连桶的质量是 9 千克,请问桶的质量是多少千克?

第六章

图形规律

389. 猜字母

按照下图中字母排列的逻辑，在问号处该填哪一个字母？

390. 下一行的图形

根据下图中的图形变化规律，下一行图形应该是哪个？

				P	△!	F	→	
///								
→			///			P	△!	F

A	F	→		///			P	△!
B	△!	F	→		///			P
C	△!		F	→		///		P
D	F	→	△!		///			P

391. 跳舞的人

根据下图所给图形的变化规律，在问号处应该填什么图形？

392. 有趣的方格

根据下图所给图形的变化规律,在问号处应该填什么图形?

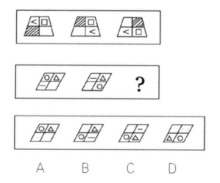

393. 字母也疯狂

根据下图所给字母的变化规律,在问号处应该填什么字母?

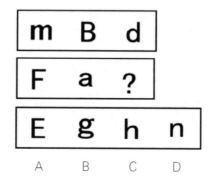

394. 汉字的排列规律

根据下图所给汉字的排列规律，在问号处应该填什么汉字？

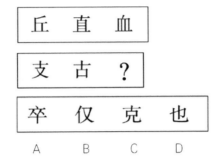

395. 简单的规律

根据下图所给图形的变化规律，在问号处应该填什么图形？

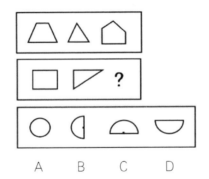

396. 方格阵列

根据下图所给图形的变化规律，在问号处应该填什么图形？

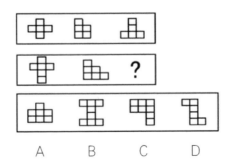

397. 黑白图案

根据下图所给图形的变化规律，在问号处应该填什么图形？

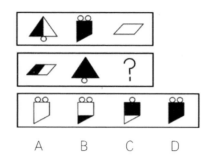

398. 立体图

根据下图所给图形的变化规律，在问号处应该填什么图形？

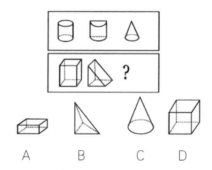

399. 阴影的共性

根据下图所给图形的变化规律，在问号处应该填什么图形？

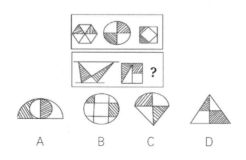

400. 找找规律

根据下图所给图形的变化规律,在问号处应该填什么图形?

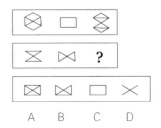

401. 黑白格

根据下图所给图形的变化规律,在问号处应该填什么图形?

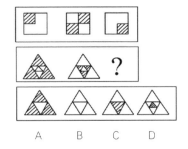

402. 三色柱状图

从下图选项中找出一个图形填在题目中的问号处,使这九个图形的变化符合某一特定的规律。

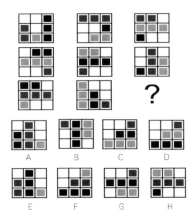

403．复杂的规律

从下图选项中找出一个图形填在题目中的问号处，使这九个图形的变化符合某一特定的规律。

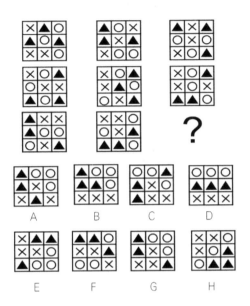

404．不一样的箭头

根据下图所给图形的变化规律，在问号处应该填什么图形？

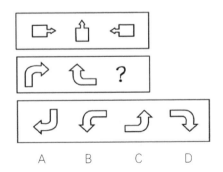

405．黑白方格

根据下图所给图形的变化规律，在问号处应该填什么图形？

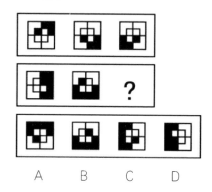

406. 元素组合

根据下图所给图形的变化规律，在问号处应该填什么图形？

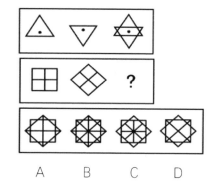

407. 阴影

根据下图所给图形的变化规律，在问号处应该填什么图形？

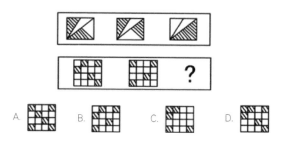

408. 消失的圆圈

根据下图所给图形的变化规律，在问号处应该填什么图形？

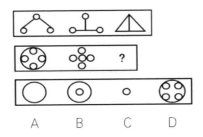

409. 有趣的组合

根据下图所给图形的变化规律，在问号处应该填什么图形？

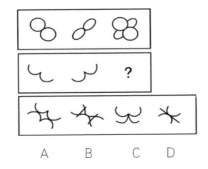

410. 分割火炬

根据下图所给图形的变化规律，在问号处应该填什么图形？

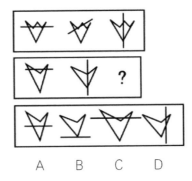

411. 金字塔

根据下图所给图形的变化规律，在问号处应该填什么图形？

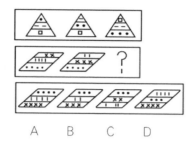

412. 简单的图形

根据下图所给图形的变化规律，在问号处应该填什么图形？

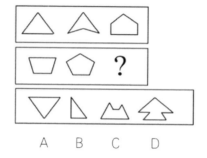

413. 折线与直线

根据下图所给图形的变化规律，在问号处应该填什么图形？

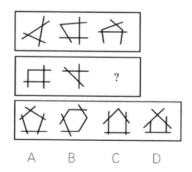

414. 三条线段

根据下图所给图形的变化规律，在问号处应该填什么图形？

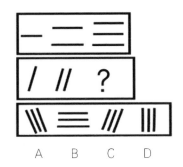

A　　B　　C　　D

415. 三角形与扇形

根据下图所给图形的变化规律，在问号处应该填什么图形？

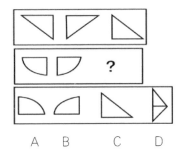

A　　B　　C　　D

416. 图形组合

根据下图所给图形的变化规律，在问号处应该填什么图形？

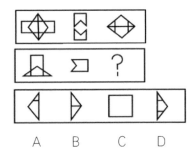

A　　B　　C　　D

417. 直线与曲线

根据下图所给图形的变化规律，在问号处应该填什么图形？

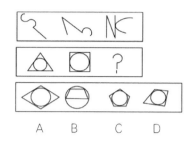

A   B   C   D

418．五角星

根据下图所给图形的变化规律，在问号处应该填什么图形？

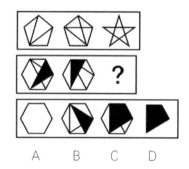

A   B   C   D

419．没规律的线条

根据下图所给图形的变化规律，在问号处应该填什么图形？

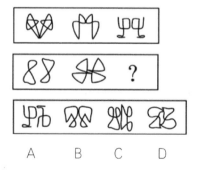

A   B   C   D

420．不同的规律

下面四个图形中，哪一个与其他三幅图的图形组合规律不同？

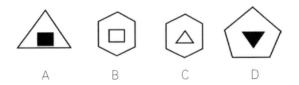

421．图形对比

根据下图所给图形的变化规律，在问号处应该填什么图形？

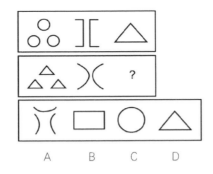

422．递增的折线

根据下图所给图形的变化规律，在问号处应该填什么图形？

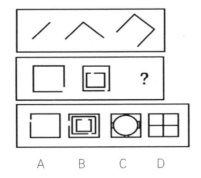

423．直线和曲线

根据下图所给图形的变化规律，在问号处应该填什么图形？

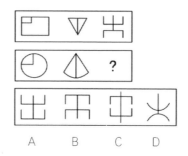

424. 曲线

根据下图所给图形的变化规律，在问号处应该填什么图形？

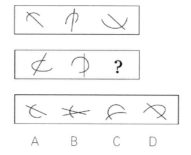

425. 括号

根据下图所给图形的变化规律，在问号处应该填什么图形？

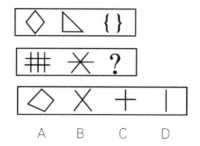

426. 星形图案

根据下图所给图形的变化规律，在问号处应该填什么图形？

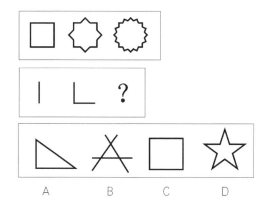

427. 奇怪的图形

根据下图所给图形的变化规律，在问号处应该填什么图形？

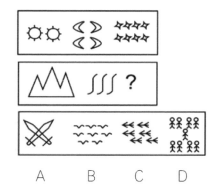

428. 圆圈方块

根据下图所给图形的变化规律，在问号处应该填什么图形？

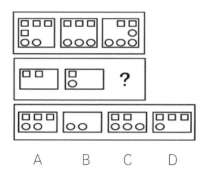

429. 变换的梯形

根据下图所给图形的变化规律，在问号处应该填什么图形？

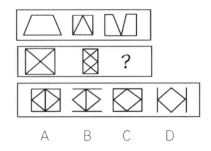

A B C D

430. 十字架

根据下图所给图形的变化规律，在问号处应该填什么图形？

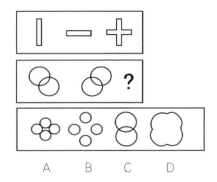

A B C D

431. 花瓣和星形

根据下图所给图形的变化规律，在问号处应该填什么图形？

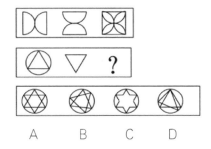

A B C D

432．四角星

根据下图所给图形的变化规律，在问号处应该填什么图形？

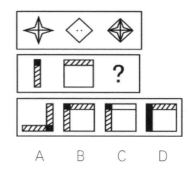

433．缺口的大小

根据下图所给图形的变化规律，在问号处应该填什么图形？

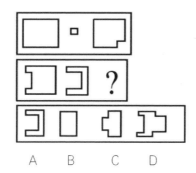

434．阴影图形

根据下图所给图形的变化规律，在问号处应该填什么图形？

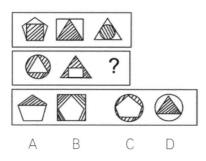

435．笑脸

根据下图所给图形的变化规律，在问号处应该填什么图形？

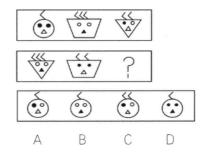

436．曲线组合

根据下图所给图形的变化规律，在问号处应该填什么图形？

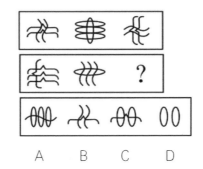

437．长方形与三角形

根据下图所给图形的变化规律，在问号处应该填什么图形？

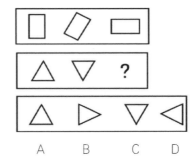

438．阴影

根据下图所给图形的变化规律，在问号处应该填什么图形？

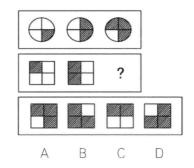

439．黑白方块

根据下图所给图形的变化规律，在问号处应该填什么图形？

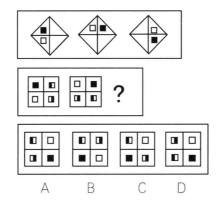

440．复杂的图形

根据下图所给图形的变化规律，在问号处应该填什么图形？

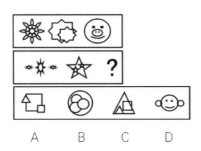

441. 奇妙的规律

根据下图所给图形的变化规律，在问号处应该填什么图形？

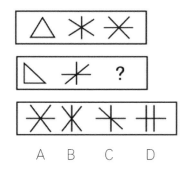

A   B   C   D

442. 组合的规律

根据下图所给图形的变化规律，在问号处应该填什么图形？

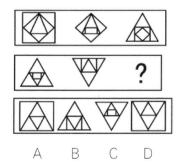

A   B   C   D

443. 奇怪的规律

根据下图所给图形的变化规律，在问号处应该填什么图形？

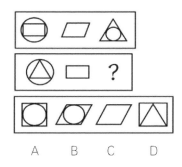

A   B   C   D

444．多边形

根据下图所给图形的变化规律，在问号处应该填什么图形？

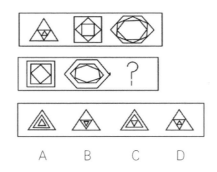

445．汉字有规律

根据下图所给文字的变化规律，在问号处应该填什么文字？

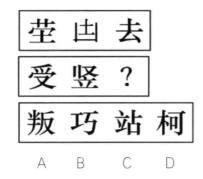

446．文字规律

根据下图所给文字的变化规律，在问号处应该填什么文字？

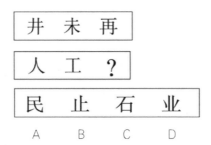

447．黑白点游戏

根据下图所给图形的变化规律，在问号处应该填什么图形？

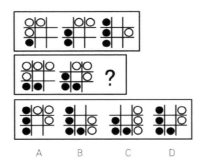

448．切割

根据下图所给图形的变化规律，在问号处应该填什么图形？

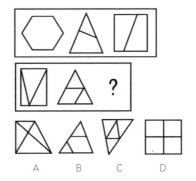

449．超复杂图形

根据下图所给图形的变化规律，在问号处应该填什么图形？

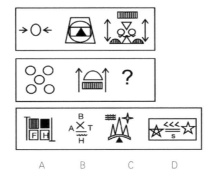

450．双层边线

根据下图所给图形的变化规律，在问号处应该填什么图形？

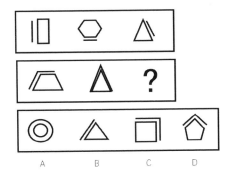

451．两个方块

根据下图所给图形的变化规律，在问号处应该填什么图形？

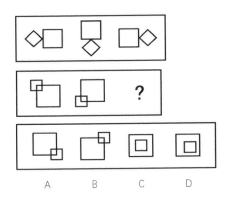

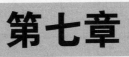

第七章

数字迷宫

452. 九点连线

有 9 个点排列如下，如何用 4 条直线把这 9 个点连起来？（要求这 4 条直线是连续的。）

453. 十二点连线

你能用一些线段连接这 12 个点形成一个闭合图形而不让笔离开纸面吗？至少需要几条线段？

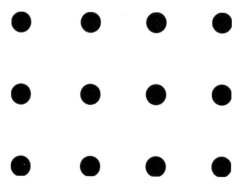

454. 四色问题

地图四色定理最先是由一位叫古德里的英国大学生提出来的。四色问题的内容是："任何一张地图只用四种颜色就能使具有共同边界的国家着上不同的颜色。"

用数学语言表示，即"将平面任意地细分为不相重叠的区域，每一个区域总可以用 1、2、3、4 这 4 个数字之一来标记，而不会使相邻的两个区域得到相同的数字"。这里所指的相邻区域，是指有一整段边界是公共的。如果两个区域只相遇于一点或有限多点，就不叫相邻的。

因为用相同的颜色给它们着色不会引起混淆。

下图为一个地区分为 5 个行政区域，现给地图着色，要求相邻地区不得使用同一颜色。现有 4 种颜色可供选择，则不同的着色方法共有多少种？

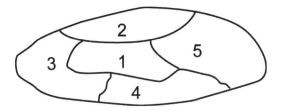

455．翻数字板

每个数字板上都装有一根轴。每块板都可以沿这根轴翻转，遮住一些数字而露出另一些数字。每块板的反面都印着和正面一样大小的数字，而每块板的下面还压着一个是其两倍大小的数字。

请翻转三块板，使每行、每列和每条主对角线上的数字之和都等于 34。

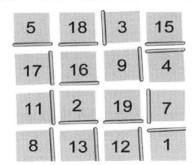

456．及格的人数

100 人参加考试，共 5 道题，第 1、2、3、4、5 道题分别有 80 人、72 人、84 人、88 人、56 人做对。如果至少做对 3 道题算及格，问：至少有多少人及格？

457．正面与反面

桌上有 23 枚硬币，其中 10 枚正面朝上。假设蒙住你的眼睛，而你的手又摸不出硬币的正反面。如何才能把这些硬币分成两堆，使每堆正面朝上的硬币的枚数相同？

458．特殊的除式

20 世纪初英国数学家贝韦克发现了一个特殊的除式，请你把这个特殊的除式填完整。

```
                    xx7xx
          _____
xxxx7x / xx7xxxxxxxx
          xxxxxx
          _____
          xxxxx7x
          xxxxxxx
          _____
            x7xxxx
            x7xxxx
            _____
            xxxxxx
            xxxx7xx
            _____
              xxxxxx
              xxxxxx
              _____
                    0
```

459．立方体网格

一个立方体有 6 个面，下面的方格都能构成立方体吗？观察下面的方格，哪些可以构成立方体？

460．比较长短

下图中共有七个相同的正方格，请问线段 *AB* 与 *AC* 哪个较长？

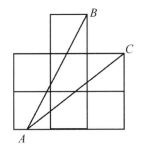

461．数谜游戏

数谜是一款在游戏中需要增加运算(加法)的智力游戏，逻辑推理性很强。

玩法与数独游戏相似，在空格内选填 1～9 中的一个数字，前提是加入的数字是空格旁边数字的总和，且该总和算式内的数字不能重复。

你能填出来吗？

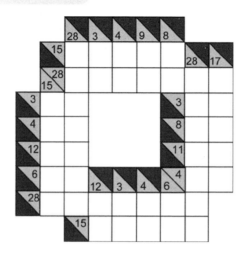

462．黑洞游戏

在小三角形里填入数字，使得下图中所有横向和斜向上的三角形里的数字都不重复，粗线划分出的六个区域内也都是不重复的数字 1～9。

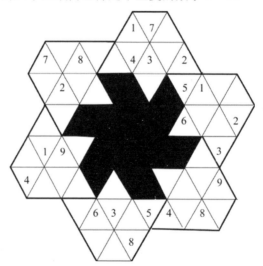

463．四则运算

在下图中的空白处填上 1～6 的数字，使得每行、每列里的数字都不重复，并且粗线条围起来的黑线框里的数字满足已经标出来的数学关系。

例如，"11+"表示这个黑线框里的数字加起来等于 11；"2/"表示这个黑线框里的数字相除等于 2。

你知道该怎么填吗？

11+	2/		20×	6×	
	3-			3/	
240×	6×				
	6×	7+	30×		
6×				9+	
8+		2/			

464．找正确的图形

一个人在观察下图中的立体图形时，画出了 5 个不同角度的图形，但是其中只有一个是正确的。你知道是哪一个吗？

465．蜂窝数字

下图是由很多小六角形组成的"蜂窝"。仔细观察就会发现，很多白色空格排列在一起，形成了独特的灰色六角形，每个灰色格周围都有 6 个白色格。

本题的规则如下：灰色格周围的 6 个空格由 1～6 这 6 个数字组成，而且每个灰色块周围的 6 个数字都不能重复。

你知道该怎么把这些空白格都填满吗？

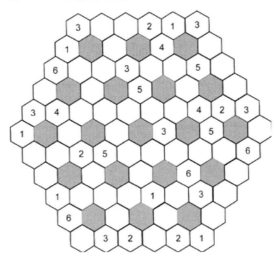

466．数块游戏

在下图中的空格里填入数字，使得：

① 横向和纵向连续相同的数字组成一个数块；

② 每个数块里的格子数量等于这个数块里的数字；

③ 相同数字的数块不能在横向或纵向上接触。

你知道怎么填吗？

6			2			2
	3		6		3	
3						1
	2	3		4	2	
2						3
	5		1		4	
4			3			3

467．分割立方体

有一个长、宽、高都是 3 厘米的立方体，在它的六个表面上都涂上油漆。现在将它锯成 27 块长、宽、高都是 1 厘米的小立方体。请问：小立方体中，三面有油漆、两面有油漆、一面有油漆和没有油漆的立方体各有几个？

468. 雪花填数游戏

在这个六角雪花的每个小三角形里填入数字 1~6，使得每个横行、每个斜行以及每个六边形里都是不重复的数字 1~6。

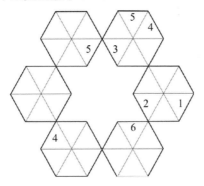

469. 加运算符号

在下面的三组数字中间填上四则运算符号，使它们的运算结果等于50。

运算符号只能是"+、−、×、÷"四种，可以加括号。而且不允许调换数字之间的位置和顺序。另外，允许将两个或者更多相邻的数字当成一个两位数或者 n 位数来进行计算。

你能找出三种不同的计算方法吗？

1　2　3　4　5　6　7　8　9=50

1　2　3　4　5　6　7　8　9=50

1　2　3　4　5　6　7　8　9=50

470. 只能用一次

在下面的每个括号中填入 1~9 中的不同数字,使等式成立。每个等式中,1~9 中的每个数字都必须出现,且都只能用 1 次。

你最多能找出多少种填法呢?

( )( )( )+( )( )( )=( )( )( )

( )( )( )+( )( )( )=( )( )( )

( )( )( )+( )( )( )=( )( )( )

( )( )( )+( )( )( )=( )( )( )

( )( )( )+( )( )( )=( )( )( )

( )( )( )+( )( )( )=( )( )( )

471. 2009 和 2010

将 1~9 中的九个数字填入下面的括号中,使等式成立,并且每个括号只能填一个数字,每个数字在一个式子中只能出现一次。

( )( )( )×( )+( )( )×( )+( )+( )=2009

( )( )( )×( )+( )( )×( )+( )×( )=2010

472. 幸运的切割

你能只用两刀就将这个马蹄形切成 6 块吗?

473. 三个等式都成立

请分别将 1、2、3、4、5、6、7、8、9 这九个数字填在下面三个算式的九个括号内,使等式成立。

( )+( )=( )

( )-( )=( )

( )×( )=( )

474．数字的排列规律

(1)　1, 2, 6, 24, 120, _____

(2)　30, 32, 35, 36, 40, _____

(3)　1, 2, 2, 4, 8, _____, 256

(4)　1, 10, 3, 5, _____, 0

(5)　0, 1, 3, _____, 10, 11, 13, 18

475．数字变换

老师在黑板上依次写了三个数 21, 7, 8，现在进行如下的操作，每次将这三个数中的某些数加上 2，其他数减去 1，试问能否经过若干次这样的操作后，使得：

(1)　三个数都变成 12？

(2)　三个数变成 23, 15, 19？

476．选数

能否从下面 9 个数字中选出 5 个数，使它们的和为 130？为什么？

15　25　35　25　55　5　15　25　45

477．转硬币

有两枚同样大小的硬币，一枚固定在桌面上，另一枚绕着它旋转。那么外面的硬币在从初始位置到绕着固定硬币转一圈又回到初始位置的过程中，自转几周呢？

478. 找规律

下面是按规律排列的一串数，问其中的第 1995 项是多少？

2, 5, 8, 11, 14,…

479. 排列的规律

下面的各算式是按规律排列的：1+1，2+3，3+5，4+7，1+9，2+11，3+13，4+15，1+17，…，那么其中第多少个算式的结果是 1992？

480. 相同的项数

已知两列数：

2, 5, 8, 11，…, 2+(200−1)×3；

5, 9, 13, 17，…, 5+(200−1)×4。

它们都是 200 项，问这两列数中相同的项数共有多少对？

481. 盒子分隔游戏

把题中的大正方形分隔成若干个小正方形或小长方形的区域，使得每个区域里只含有一个已经标出来的数字，并且组成这个区域的方格数目等于这个数字。

				8					9
	4	2							
	2					5			
						6	8		
4				4					
					6				7
		4	4						
			3					4	
							4	2	
6					8				

482. 涂黑方块游戏

把中间的某些空格涂黑，使得每行、每列中连续黑格数量的分布符合在行左边、列上边标出来的数字。

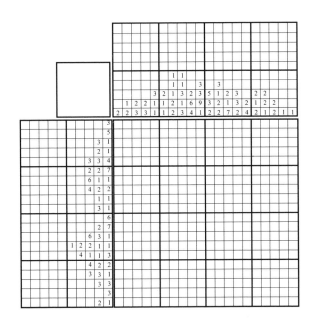

483. 十字填数游戏

在下图中填入数字，使得每个十字形区域以及在灰色范围内的每条纵列和横行里都是不重复的数字 1～9，且角上的 4 个十字区域内的数字位置相同。

你会填吗？

484. 年轮填数游戏

在下图中的空格处填入数字，使得每个同心圆环、每个沿着半径的扇形以及每个粗线划分出来的区域里都是不重复的数字 1～9 这 9 个数字。你会填吗？

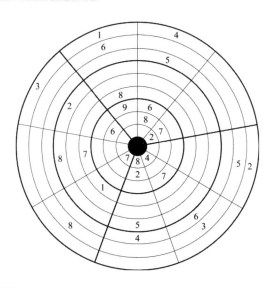

485．数码猜数游戏

电子显示屏上的数码数字大家都见过，它们是用七段元件来表示的，如下图所示，1~6 这 6 个数字表示如下。

现在给出一幅图，图中的某些格里已经显示了所要显示的数字的一部分。
试着把所有格中的数字都补充完整，使得每行、每列都是不重复的 1~6。
另外，图中被分割成了 6 个区域，这些区域内也不能有重复的数字。
你知道该怎么填吗？

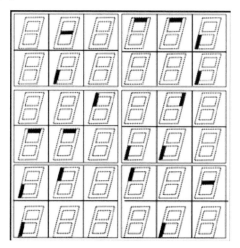

486．穿针游戏

在下图中，沿着这些方格的中心画一条闭合的折线圈，并满足以下要求：

① 折线只能水平或竖直行进，且不能两次经过同一个方格；

② 有几个方格是黑色方块，数字和箭头表示在那个方向上存在几个黑色方块，黑色方块之间不相连；

③ 折线不能经过黑色方块和标有数字的方块；

④ 所有不是数字或黑色的方块必须有折线经过。

你能做到吗？

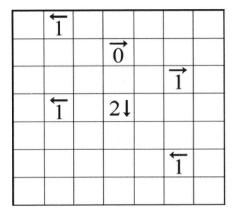

487．数字配对游戏

在下图中，用折线沿着方格中心把相同的数字两两连接起来，并满足以下要求：

① 折线只能水平或竖直地行进，互相不能交叉；

② 一个方格只能经过一次，不能经过标有数字的方格，并且所有没标数字的方格都有折线经过。

488．铺路游戏

把下图中的一些方格涂黑，使得黑色的格子形成一条"路"，将整个图形分割成几个白色的区域。每个白色的区域中有且只有一个数字，并且数字的大小等于这个白色区域里格子的数量。

黑格子形成的"路"必须是连通的，从一个黑格子出发能沿着这条"路"走到任意其他一个黑格子，并且黑格子中不能有"2 格×2 格"大的"广场"。

你知道该怎么铺这条"路"吗？

1			4		4	2
	1		2			
		1		1		2
1			3			
	6					5
			1			2
		2		2		

489．白色蔓延

在下图中，将尽量少的方块涂黑，使得圆圈里的数字等于从这个格子出发的上、下、左、右四个方向连续白色格子的数目和(包括含圆圈的这个格子本身)。你知道怎么涂吗？

			⑤			
	⑤					②
				⑦		④
⑧		⑬				
⑤					⑥	
			⑧			

490．划分势力范围

　　沿着下图中的格子线画线，把下图划分成几个势力范围，使得每块势力范围内只有一个点，并且势力范围关于这个点中心对称。然后把黑点所在的所有势力范围涂上灰色，能组成一个阿拉伯数字的轮廓。

　　你会涂吗？

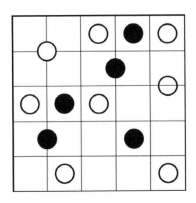

491．连通游戏

将某些方块涂黑，并满足以下要求：

① 所有白色方格是连通的；

② 所有黑色方块不相邻；

③ 各粗线围起来的范围内黑色方格的数量等于标出来的数字，没有数字则随意；

④ 横向或竖向连续的白色方格最多只能跨越一条粗线。

你会涂吗？

492．骨牌游戏

将下图划分成 15 个由两个格子组成的小长方形, 使得这 15 个小长方形里的数字组合互不相同。即 00, 01, 02, 03, 04, 11, 12, …, 44 各有一组。

你能分出来吗？

4	0	3	3	1	3
4	2	0	1	3	1
2	4	3	2	4	4
2	0	2	3	0	1
2	1	0	0	4	1

493．骰子的点数

如下图右侧所示, 用骰子的点阵表示数字 1~6。把格中的若干小圆圈涂黑, 使得每行、每列都是不重复的 1~6。另外, 图中又被分割成 6 个区域, 每个区域内的 6 个数字也不能重复。

你知道该怎么填吗？

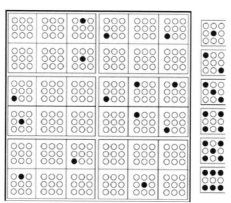

494．连通的黑方格

在每个粗线划分的区域内选择连续的四个方格涂黑, 并满足以下要求：

① 相同形状的黑色方格不能接触(可以在角上接触);
② 所有的黑色方格互相连通;
③ 黑色方格不能组成 2 格×2 格或者更大的正方形。
你知道该怎么涂吗?

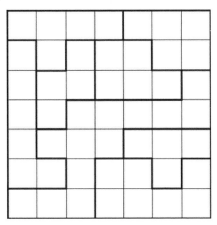

495．重复的数字

把下图中的一些格子涂黑，使得每行、每列中没有涂黑的方格里的数字没有重复；并且涂黑的格子不能上下、左右互相连接(即不能有两个以上并排的黑格子)，没涂黑的格子必须能连通起来。

你知道该怎么涂吗?

4	8	1	6	3	2	5	7
3	6	7	2	1	6	5	4
2	3	4	8	2	8	6	1
4	1	6	5	7	7	3	5
7	2	3	1	8	5	1	2
3	5	6	7	3	1	8	4
6	4	2	3	5	4	7	8
8	7	1	4	2	3	5	6

496．推出四位数

婧婧家所住城市的门牌号码都是四位的数字。这次，婧婧家搬家，新门牌号码正好是她家原来门牌号码的四倍；原来的门牌号码从后向前倒着写正好是新门牌号码。你能够推算出她家的新门牌号码是什么吗？

497．造桥游戏

用线做桥，把下图中的圆圈连起来，并满足以下要求：

① 连线只能是水平和竖直两个方向，不能拐弯和交叉；

② 两个圆圈间最多可以有两条连线；

③ 从一个圆圈出发，能通过若干条连线和若干个圆圈到达任一其他的圆圈；

④ 每个圆圈上的连线数量等于圆圈里的数字。

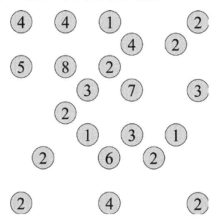

498．连线游戏

设计一条首尾相连的折线，使得折线通过下图中的所有圆圈。折线在通过白色圆圈时必须保持原来的方向，并且在白色圆圈的前一格和下一格里至少有一个转弯；折线在通过黑色圆圈时必须转弯，并且在黑色圆圈的前一格和下一格都是直线。

你知道该怎么连这条线吗？

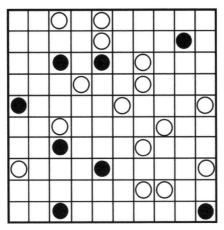

499．如何切割拼出正方形

把 7 厘米×10 厘米的长方形分成如下图所示的小格(中间的六格代表空格)，将剩余的 64 格切割成两个部分，使这两个部分能拼出 8 厘米×8 厘米的正方形，该如何切割？

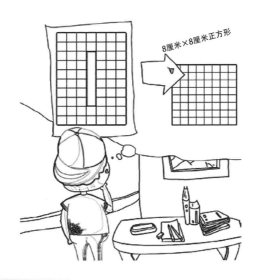

8厘米×8厘米正方形

500．换乘路线

点点家住 A 村，他要到 B 村的奶奶家，乘车路线有多种选择，交通工具不同，所需要的车费也就不同。图中标出的数字是各段的车钱(单位：元)。

请问：点点到奶奶家路费至少要花多少元钱？走的路线是怎样的？

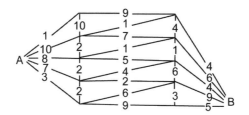

附录

问题参考答案

第一章 问题答案

1. 在帮丙必须打扫的 3 天中，甲打扫 2 天，即 2/3；乙打扫 1 天，即 1/3。因此，甲家得 6 斤苹果，乙家得 3 斤苹果。

2. (1) 两个数都是十位数字与个位数字对调，但乘积不变。

(2) ①12×63=21×36；②12×84=21×48；③14×82=41×28。

(3) ①设左边两数为 10a+b、10c+d，则右边对调后两数为 10b+a、10d+c。

(10a+b)(10c+d)=(10b+a)(10d+c)

100ac+10(ad+bc)+bd=100bd+10(ad+bc)+ac

99ac=99bd

ac=bd

②当 ac=bd=4，则 12×42=21×24

当 ac=bd=6，则 12×63=21×36，13×62=31×26

当 ac=bd=8，则 12×84=21×48，14×82=41×28

当 ac=bd=9，则 13×93=31×39

当 ac=bd=12，则 23×64=32×46，24×63=42×36

当 ac=bd=16，则 24×84=42×48

当 ac=bd=18，则 23×96=32×69，26×93=62×39

当 ac=bd=24，则 34×86=43×68，36×84=63×48

共有 13 种。

3. 一共有 5 位神仙分走了小猴子摘的桃子。

最后剩下 1 个，则遇到最后一个神仙时还有(1+1)×2=4(个)；

遇到第四个神仙时有(4+1)×2=10(个)；

遇到第三个神仙时有(10+1)×2=22(个)；

遇到第二个神仙时有(22+1)×2=46(个)；

最开始有(46+1)×2=94 个。

因此，小猴子原来有 94 个桃子。

4. 他赔了 5 元。设两本书分别为甲、乙，收购甲花了 A 元，收购乙花了 B 元，那么：

A(1+20%)=60

B(1−20%)=60

解得：A=50，B=75

A+B=125(元)，因此赔了 5 元。

5. 可先求出 3 箱梨比 3 箱苹果多的重量，再加上 3 箱苹果的重量，就是 3 箱梨的重量。

解：45+5×3=45+15=60(千克)

因此 3 箱梨重 60 千克。

6. 在第一小组停下来参观果园的时间，第二小组多行了[3.5-(4.5-3.5)]千米，也就是第一小组要追赶的路程。又知第一小组每小时比第二小组快(4.5-3.5)千米，由此便可求出追赶的时间。

第一小组追赶第二小组的路程：3.5-(4.5-3.5)=3.5-1=2.5(千米)

第一小组追赶第二小组所用时间：2.5÷(4.5-3.5)=2.5÷1=2.5(小时)

因此第一小组用 2.5 小时能追上第二小组。

7. 根据已知托运玻璃 250 箱，每箱运费为 20 元，可求出应付运费总钱数。

根据每损坏一箱，不但不付运费，还要赔偿 100 元的条件可知，应付的钱数和实际付的钱数的差里有几个(100+20)元，就是损坏几箱。

解：(20×250-4400)÷(100+20)=600÷120=5(箱)

因此，损坏了 5 箱。

8. 根据已知条件，可求 12 个纸箱转化成木箱的个数，先求出每个木箱装多少双鞋，再求每个纸箱装多少双鞋。

解：12 个纸箱相当于木箱的个数为 2×(12÷3)=2×4=8(个)

一个木箱装鞋的双数为 1800÷(8+4)=1800÷12=150(双)

一个纸箱装鞋的双数为 150×2÷3=100(双)

因此每个纸箱可装鞋 100 双，每个木箱可装鞋 150 双。

9. 由已知条件可知，10 千克与 5.5 千克的差正好是半桶油的重量，再乘以 2 就是原来油的重量。

解：(10-5.5)×2=9(千克)

原来有油 9 千克。

10. 由题意知，实际 10 天比原计划 10 天多生产水泥(4.8×10)吨，而多生产的这些水泥按原计划还需用(12-10)天才能完成，也就是说，原计划(12-10)天能生产水泥(4.8×10)吨。

解：4.8×10÷(12-10)=24(吨)

原计划每天生产水泥 24 吨。

11. 19 米。乙的速度是甲的速度的 90%，丙的速度是乙的速度的 90%，所以丙的速度是甲的速度的 81%。当甲到终点的时候，丙跑了 81 米，所以还差 19 米。

12. 两种球的数目相等，黑球取完时，白球还剩 12 个，说明黑球多取了 12 个，而每次多取(8-5)个，可求出一共取了几次。

解：12÷(8-5)=4(次)

8×4+5×4+12=64(个)

或 8×4×2=64(个)

一共取了 4 次，盒子里共有 64 个球。

13. 2520 显然可以被 5 和 10 整除。但因为每个数都只有一位，所以得排除 10。也就是说，其中必定有一个数是 5。

把已知数相加(8+1+5)得 14。

因为 30-14=16

所以剩下两数之和为 16。

把已知数相乘(8×1×5)得 40。

而 2520÷40=63

所以剩下两数之积为 63。

而两数相加得 16，相乘是 63 的数只有 7 和 9，所以答案是 5、7 和 9。

14. 他原来口袋里一共有 42 元钱。因为最后只剩下 1 元钱，所以第三次遇到乞丐时，有[(1+3)×2]=8 元；第二次遇到乞丐时，有[(8+2)×2]=20 元；第一次遇到乞丐时，有[(20+1)×2]=42(元)。

所以他原来口袋里一共有 42 元钱。

15. 小明说"你有球的个数比我少 1/4"，可以把小明的球的个数当成 4 份，则小亮的球的个数为 3 份。

4×1/6=2/3(小明要给小亮 2/3 份玻璃球)

小明还剩：4-2/3=10/3(份)

小亮现有：3+2/3=11/3(份)

这多出来的 1/3 份对应的量为 2，则一份里有：3×2=6(个)

小明原有 4 份玻璃球，又知每份玻璃球为 6 个，则小明原有玻璃球 4×6=24(个)。

16. 假设第一次混合时，甲种酒精取了 A 升，乙种酒精取了 B 升。根据题意，可知：

$0.72A+0.58B=0.62(A+B)$ ……①

$0.72(A+15)+0.58(B+15)=0.6325[(A+15)+(B+15)]$ ……②

从算式①得出

$B=2.5A$……③

从算式②得出

$35A=21B-210$……④

将式③代入式④，得 $A=12$

将 $A=12$ 代入式③，得 $B=30$。

第一次混合时，甲种酒精取了 12 升，乙种酒精取了 30 升。

17. 设她的年龄为 x 岁，依题意可得：

$1000 \leqslant x^3 < 10000$……①

$100000 \leqslant x^4 < 1000000$……②

因为：$22^3=10648>10000$，$21^3=9261<10000$，$10^3=1000$

所以：$10 \leqslant x \leqslant 21$

因为：$17^4=83521<100000$，$18^4=104976>100000$，$31^4=923521$

所以：$18≤x≤31$

综合得：$18≤x≤21$

因为 20、21 的任何次方个位数总为 0、1，所以 $x=18$ 或 19，经检验 $18^3=5832$，$18^4=104976$，而 19 不符合要求②。

所以：$x=18$。

因此，她今年 18 岁。

18. 这道题看似麻烦，其实很简单。

只要我们把这个图形拆开，分成若干个小三角形，你就会发现，大图是由 21 个小三角形组成(包含 3 条边，且不重复)，小图是由 3 个小三角形组成(中间的三角形不算，因为它是周围三个小三角形拼在一起形成的)。

也就是说，每画 3 个三角形就要蘸一次墨水，所以画完全图需蘸 7 次墨水。

另外，本题也可以按边数计算。大图一共有 21 个小三角形，63 条边。

而每次画的小图由 3 个小三角形组成，共 9 条边，所以需要蘸墨水的次数为 $(63÷9=)7$ 次。

19. 让两个计时器同时开始漏沙子。当 3 分钟那个漏完后，立即把它颠倒过来；4 分钟的那个漏完后，再次把 3 分钟的那个计时器沙漏颠倒回来。这时 3 分钟的那个计时器沙漏里的沙子正好漏完 1 分钟，还剩下 2 分钟。等这个沙漏里的沙子漏完后，就正好是 5 分钟了。

20. 甲有 11 个玩具，乙有 7 个玩具，丙有 21 个玩具。

首先，我们设甲有 x 个玩具，乙有 y 个玩具，丙有 z 个玩具。

那么我们根据"甲对乙说：'如果我用 6 个玩具换你 1 个，那么你的玩具数就是我的 2 倍。'"这句话，可以列出等式：$(x-6+1)×2=y-1+6$。我们根据"丙对甲说：'如果我用 14 个玩具换你 1 个，那么你的玩具数将是我的 3 倍。'"这句话，可以列出等式：$(z-14+1)×3=x-1+14$。我们根据"乙对丙说：'要是我用 4 个玩具换你 1 个，那么你的玩具数将是我的 6 倍。'"这句话，可以列出等式：$(y-4+1)×6=z-1+4$。将三个等式组成方程组。

解得：$x=11$，$y=7$，$z=21$

所以，一开始甲有 11 个玩具，乙有 7 个玩具，丙有 21 个玩具。

21. 要想用时最少，可以遵循以下步骤。

① 车和人(坐车 2 人，步行 8 人)同时出发，车行驶了 x 千米后把乘客放下，乘客继续向 B 城进发，车返回直到与 8 人相遇(历时 t_1)。

② 车与 8 人相遇后，搭上 1 人掉头向 B 城方向出发，直到追上最前面的 1 人，将乘客放下，车返回直到与 7 人相遇(历时 t_2)。

③ 重复上述步骤(历时 t_3～t_8)，直到车搭上最后 1 名步行者到达 B 城(历时 t_9)，同时 8 名已经被搭载过的步行者也到达 B 城。这样 10 个人同时出发，又同时到达

B 城，所用时间是最少的。

现在关键是要算出车到底要行驶多少千米把乘客放下，才能使最后 10 个人同时到达 B 城。

$t_1=t_2=t_3=t_4=t_5=t_6=t_7=t_8$

$=2x/(100+5)t_9$

$=(1000-2\times5\times8x/105)/100$

对于第 1 名乘客，他需要步行的时间是 $8\times t_1+t_9-(x/100)$，

所以有以下方程：$5\times[8\times t_1+t_9-(x/100)]+x=1000$

解得：$x=567.568$ 千米

代入可得 $t=t_1+t_2+\cdots+t_9=8\times t_1+t_9=92.16$(小时)。

22. B 通过分析得出：A 的威胁是不可信的。

原因如下。

当 B 进入的时候，A 阻挠的收益是 2 亿，而不阻挠的收益是 4 亿。

4 亿>2 亿，理性人是不会选择做非理性的事情的。

也就是说，一旦 B 进入，A 的最好策略是合作，而不是阻挠。

因此，通过分析，B 选择了进入，而 A 会选择合作。双方的收益各为 4 亿。

在这个博弈中，B 采用的方法为倒推法，或者说逆向归纳法，即当参与者作出决策时，他要通过对最后阶段的分析，准确预测对方的行为，从而确定自己的行为。

在这里，双方必须都是理性的。如果不满足这个条件，就无法进行分析了。

另外，作为 A，从长远的利益出发，为了避免以后还有人进入该市场，A 会宁可损失，也要对进入者做些惩罚。这样的话，就会出现其他结果。

大家可以继续深入思考一下。

23. 还是需要 5 只猫。5 只猫 5 分钟可以抓 5 只老鼠，延长 5 分钟的话，还可以再抓 5 只，延长到 100 分钟，就可以抓 100 只了。

24. 由题意知唱歌的 70 人中也有跳舞的，同样跳舞的 30 人中也有唱歌的，把两者相加，这样既唱歌又跳舞的人就统计了两次，再减去参加表演的 80 人，就是既唱歌又跳舞的人数。

解：70+30-80=100-80=20(人)

故，既唱歌又跳舞的有 20 人。

25. 设丈夫一天能吃 x 桶肥肉，α 桶瘦肉；他老婆一天能吃 y 桶肥肉，β 桶瘦肉。

由题可列出以下四个等式。

$x+y=1/60$

$x=1/210$

$\alpha+\beta=1/56$

$\beta=1/280$

很容易可以解出 y=1/84，α=1/70。

因为 $\alpha>y$，所以是丈夫先吃完了半桶瘦肉，用的时间 T_1=(1/2)÷α=35(天)。

这时他老婆已经吃了 $T_1×y$=35/84=5/12(桶)肥肉，还剩下 1/2-5/12=1/12(桶)肥肉。

两人把剩下的这些肥肉吃完需要 T_2=(1/12)/($x+y$)=5(天)。

所以一共需要的时间是 T_1+T_2=40(天)。

26. 因第一中队早出发 2 小时比第二中队先行(4×2)千米，而每小时第二中队比第一中队多行(12-4)千米，由此即可求第二中队追上第一中队的时间。

解：4×2÷(12-4)=4×2÷8=1(小时)

所以，第二中队 1 小时能追上第一中队。

27. 每一个孩子所带的硬币中没有相同的，如果有一个孩子没带 1 元，同时他拿了硬币，那他只能有一枚 5 角的硬币，那必然会只有一个孩子有 5 角，剩下那个没有 5 角的孩子也没有 1 元硬币，只能有一枚 1 角的。这样，剩下的那个孩子要有 2 枚 1 元的。与条件不符。所以，那个没带 1 元硬币的孩子也不能有其他的硬币。因此 3 个孩子所带的硬币为：其中两个孩子带了 1 角、5 角、1 元的硬币各一枚，另外一个孩子没有硬币。

28. 甲带了 18 元，乙带了 24 元，丙带了 7 元，丁带了 63 元。

设甲的钱加上 3 元等于 x，然后分别表示出甲、乙、丙、丁的钱数，即可求出 x，以及四个人的钱数。

29. 分别求出只买《日报》《晚报》《晨报》的人数，分别为 50-12-13-3=22，60-14-12-3=31，70-14-13-3=40。所以顾客人数为 14+13+12+3+22+31+40=135(人)。

30. 原来有 7/8 斗酒，倒着推就可以了。第三次遇到花后喝光了酒，说明第三次遇到店的时候酒壶里有 1/2 斗的酒。第二次遇到花的时候则有 3/2 斗酒，第二次遇到店之前是 3/4 斗。第一次遇到花的时候有 7/4 斗，第一次遇到店之前，也就是原来壶中有 7/8 斗酒。

31. 一共有 26×26×10×10=67600 种可能性。

32. 这五个数分别为 2、78、156、39、4，这样 2×78=156=39×4。

33. 四份分别是 8、12、5、20。

设最后都为 x，则第一份为 $x+2$，第二份为 $x-2$，第三份为 $2x$，第四份为 $x/2$，总和为 45，求得 x=10。这样就可以知道原来每一份各是多少了。

34. 不能。

因为前面的九个数字之和为 45，与 28 的差是 17，为奇数，所以无论如何加减都不能满足。

35. 240/5=48，其余偶数是：48-2=46，48-4=44，48+2=50，48+4=52。

36. 因为每次若干个数，进行了若干次，所以比较难把握，不妨从整体考虑。先从简单的情况分析：假设有 2 个数 20 和 30，它们的和除以 17 得到黄色卡片数为 16，如果分开算分别为 3 和 13，再把 3 和 13 求和除以 17 仍得黄色卡片数 16，也就是说，不管几个数相加，总和除以 17 的余数不变。回到题目 1+2+3+…+134+135=136×135÷2=9180，9180÷17=540，135 个数的和除以 17 的余数为 0，而 19+97=116，116÷17=6……14，所以黄色卡片上的数是 17-14=3。

37. 因为 37÷4=9……1，所以第一个拿牌的人一定会抓到"大王"。

38. 因为 1000/7 余 6。

而今天是周六，那么过 1000 天与过 6 天的星期相同。

所以是周五。

39. 我们可以看最后的结果：丙花了 250 万元买得 1/3 的股份。

那么，也就是说，这个生意的总资产应该是 250×3=750(万元)。

由于一开始的时候，甲掌握的股份是乙的 1.5 倍，那么，他的股份应该是 450 万元，乙的股份是 300 万元。

如果让三位合作伙伴股权相等，都是 250 万元，那么甲应该得到 200 万元，乙应该得到 50 万元。

这样就能使三个人的投资都为 250 万元。

40. 因为金砖的质量之比等于体积之比。计算表明，$3^3+4^3+5^3=27+64+125=216=6^3$。由此可见，最大正方体的体积恰好等于另外三个体积的和。

因此，最简便的方法是：将最大的一块金砖给一个儿子，其他三块给另外一个儿子。

41. 共有 20 个。要注意 70～79 的范围内就有 11 个 7。

42. 设这个四位数为 abcd，三位数为 efg，由题意得到 a=1，b+e=9(e≠0)，c+f=9，d+g=9。

为了计算这样的四位数最多有多少个，由题设条件 a, b, c, d, e, f, g 互不相同可知，数字 b 有 7 种选法(b≠1, 8, 9)，c 有 6 种选法(c≠1, 8, b, e)，d 有 4 种选法(d≠1, 8, b, e, c, f)。于是，依乘法原理，这样的四位数最多能有 7×6×4=168(个)。

43. 早到的 5 分钟路程就是陈经理家到相遇点路程的两倍，所以相遇点到陈经理家的路程开车只要 2 分半。因此相遇时间为 7 点 27 分 30 秒。

开车 2 分半的路程陈经理走了 27 分半，所以车速是步行速度的 11 倍。

44. 乙的话表明：甲的钱的 5 倍与乙的钱的 2/3 一样多。

所以，乙的钱是 3×5=15 的倍数，甲的钱是偶数。

丙的钱不足 30 元，所以，甲、乙的钱之和多于 70 元，而乙的钱多于甲的钱 6 倍，因而乙的钱多于 60 元。

设乙=75 元，则甲=75×2/3÷5=10(元)，丙=100-10-75=15(元)

设乙=90 元，则甲=90×2/3÷5=12(元)，90+12>100，不合题意。

所以三人原来的钱为：甲 10 元，乙 75 元，丙 15 元。

45. 由于每个人都看不到自己头上戴的帽子的颜色，而在男孩看来是一样多，则说明男孩比女孩多一个，设女孩有 x 人，那么男孩有 x+1 人。而在每一个女孩子看来，天蓝色游泳帽是粉红色游泳帽的 2 倍。

也就是说，$2(x-1)=x+1$

解得：$x=3$

所以男孩有 4 人，女孩有 3 人。

46. 由条件知，$(21+20+19)$ 表示三种球总个数的 2 倍，由此可求出三种球的总个数，再根据题目中的条件就可以求出三种球各有多少个。

解：总个数为 $(21+20+19)÷2=30(个)$

白球为 $30-21=9(个)$

红球为 $30-20=10(个)$

黄球为 $30-19=11(个)$

所以白球有 9 个，红球有 10 个，黄球有 11 个。

47. 因为把 a、b、c 看作第一组数，三个数有两个奇数，而把 1、2、3 看作第二组数，其中也有两个奇数。若这两组数的三个差全部是奇数，则需 a、b、c 三个数中的两个奇数，要分别减两个偶数才可以。目前第二组中仅有一个偶数，因此假设不成立，所以三个差中至少有一个偶数。

因此这三个差的积必然是偶数。

48. 应该是 126。

观察可得出数列公式为 n^3+1，n 为项数。

49. 有 9948 人。

因为排 5 人一列或 9 人一列或 13 人一列或 17 人一列都剩 3 人，那么如果去掉 3 人，则恰好可以排成 5 人一列或 9 人一列或 13 人一列或 17 人一列。也就是说，如果一个数恰好是 5,9,13,17 的公倍数，那么这个数就肯定可以被 5,9,13,17 整除。而前面又有了限定，不足 1 万人，所以要找出一个符合条件的公倍数，然后加上 3 即可。

我们先求 5,9,13,17 的最小公倍数看看是否符合要求，计算结果为 9945(注：因为 5,9,13,17 为两两互质的整数，故其最小公倍数为这些数的积)。

正好符合要求，然后再加 3 即为结果，即 9948 人。

50. 答案为 11 点 55 分。

在这个问题中，如果能够求出从家到图书馆所需要的时间就可以确定小明应该把闹钟调到几点了。

因为用 8 点 50 分加上一个半小时，再加上从图书馆到家的时间就是小明回到家的真实时间了。

要算出从图书馆到家的时间，我们来看题目，小明离开家时，自己家的闹钟显示为 7 点 10 分，到家时，家里的闹钟显示为 11 点 50 分，这之间的时间为 280 分钟，这 280 分钟包括小明在图书馆的 90 分钟(即一个半小时)和两次走路的时间。

这样，两次走路的时间加起来就是 190 分钟，那么从图书馆到家所需要的时间

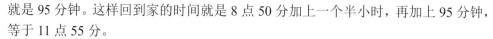

就是 95 分钟。这样回到家的时间就是 8 点 50 分加上一个半小时，再加上 95 分钟，等于 11 点 55 分。

因此，小明到家时，当时的时间应该是 11 点 55 分。

51. 站成一个六边形，每边站 5 个人即可。

52. 平分大米的步骤如下：

(1) 两次装满脸盆，倒入 7 千克的桶里，这样，桶里有 6 千克米；

(2) 再往脸盆里倒满米，用脸盆里的米将桶装满，这样脸盆中还有 2 千克米；

(3) 将桶里的 7 千克米全部倒入 10 千克的袋子中；

(4) 将脸盆中剩余的 2 千克米倒入 7 千克的桶里；

(5) 将袋子里的米倒 3 千克在脸盆中，再把脸盆中的米倒入桶里，这样桶和袋子里就各有 5 千克米了。

53. 首先把 2450 分解因式，得到：2450=2×5×5×7×7

所以三个人的年龄可能的情况有如下几种。

7×5×2，7，5

7×7×2，5，5

5×5×2，7，7

7×2，7×5，5

7×2，5×5，7

5×2，7×5，7

2×5，7×7，5

其中和相等的两组是 7，7，2×5×5=50；5，2×5=10，7×7=49。

这两组的和都为 64，这是小张说不知道的时候可以推出来的。

当小王说：他们三人的年龄都比我们的朋友小李要小。

小张听后说："那我知道了。"

由此可以推出小李的年龄应该是 50 岁。

54. 设原来田径队男、女生一共为 x 人。

$$\frac{1}{3}x+6=\frac{4}{9}(x+6)$$

解得 $x=30$

故，女生有 16 人。

55. 有 24 个 0。只需数一下 1～100 中末尾含有 0 和 5 的个数即可，其中 25、50、75 和 100 在与偶数相乘时会出现两个 0。

56. 40 升的桶里装着啤酒。

第一个顾客买走了一桶 30 升和一桶 36 升，一共是 66 升的葡萄酒。第二个顾客买了 132 升的葡萄酒——32 升、38 升和 62 升的桶。这样，现在就只剩下 40 升的桶原封不动，因此，它肯定是装着啤酒。

57. 我们发现，1，2，3，4，5，6，7，…中，从 1 开始每 3 个数一组，每组前 2 个数不能被 3 除尽，2 个一组，100 个就有 100÷2=50(组)，每组 3 个数，共有 50×3=150，那么第 100 个不能被 3 除尽的数就是 150−1=149。

58. 因为大女儿送的花束中，黄色的花比其余三种颜色的花加起来还要多，所以黄色花只能是 5 朵，其他颜色的各 1 朵。老大的花束已经确定。又因为每种颜色的花数量总和一样，也就是说，每种颜色的花都是 10 朵。大女儿送的黄花已经有 5 朵了，其他人只能分别为 1，1，1，2。

因为二女儿送的花束中，粉色的花比其余任何一种颜色的花都少，那么粉色的花只能是 1 朵(如果有 2 朵，总数就会超出 8 朵)。剩下的 7 朵只能是 2，2，3(其中黄花 2 朵，且可以确定三、四、五女儿送的黄花各 1 朵)。

因为三女儿送的花束中，黄花和白花之和与粉色花和红色花之和相等，所以黄+白=粉+红=4。白花 3 朵。四女儿送的花束中，白色花是红色花的两倍。假如四女儿的红花为 2 朵，则白花为 4 朵，那么粉花只能是 1 朵，则三女儿和小女儿的粉花之和为 7，即至少有一个人的粉花为 4 朵或以上，这样会使它们都超过 8 朵，与原题相矛盾，所以四女儿的红花只能是 1 朵，白花 2 朵，粉花 4 朵。

这样就可以得到答案了。

女儿们所送的花束中，各色花朵的数量如下。

颜色	黄	粉	白	红
大女儿	5	1	1	1
二女儿	2	1	3	2
三女儿	1	1	3	3
四女儿	1	4	2	1
小女儿	1	3	1	3

59. 是男同学。

60. 因为 1 路车过后 1 分钟，2 路车就会到达，而 2 路车过后要 9 分钟，1 路车才会来。如果小明的妈妈在 1 路车刚走的时间到达车站，她会坐 2 路车，这有 1 分钟的时间；如果在 2 路车刚走的时间到达车站，她会坐 1 路车，这有 9 分钟的时间，所以她坐 1 路车和 2 路车的概率比为 9∶1。因此坐 1 路车要比 2 路车多得多。

61. 梨算第一个，从梨开始顺时针数的第七个苹果，从它开始数起，就能最后一个吃梨了。

方法：在纸上画 13 个点并且围成一个圆形，然后从某一点开始顺时针数起，每数到 13 就把那个点划掉，接着继续数，直至只剩下一个点。把剩下这个点的位置确定为梨的位置，而第一个点的那个位置就是我们一开始要数的那个位置了。

62. 只要计算一下 76×76 就可以看出来规律了，因为 76×76=5776，末尾两个数字仍然是 76，也就是说，无论乘以多少个 76，最后末尾两个数字都是 76。

63. $2000^{2000}=(286\times7-2)^{2000}$，二项式展开，不含因子 7 的只有最后一项 2^{2000}；$2^{2000}=(14+2)^{500}$，展开后剩 2^{500}，同理继续降幂，最后得到 $2^8=256=7\times36+4$，所以最后的余数应该是 4。

64. 能。原来的是按照四边形的排法来放瓶子的，其实所有的圆柱体物品如果按照六角形排法，更节省空间。因此用六角形排法，原来的箱子完全可以放下 50 个瓶子。

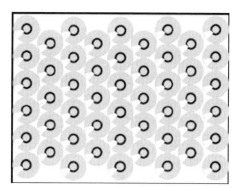

65. 首先，假设和为 999 的数存在，则新数和原数的个位相加肯定为 9，否则，和的个位不为 9。

同理，新数和原数的十位以及百位相加也应该分别为 9，所以新数与原数的各个位上的数字之和为 9+9+9=27，为奇数。

而从题目可以知道，这个和应该为偶数，与原题矛盾，所以和不可能是 999。

66. 甲代表团坐满若干辆车后余 11 人，说明甲代表团的人数(简称甲数)除以 36 余 11；两代表团余下的人正好坐满一辆车，说明乙代表团余 36-11=25(人)，即乙代表团的人数(简称乙数)除以 36 余 25；甲代表团的每个成员与乙代表团的每个成员两两合拍一张照片，共要拍"甲数×乙数"张照片，因为每个胶卷可以拍 36 张，所以最后一个胶卷拍的张数，等于"甲数×乙数"除以 36 的余数。

因为甲数除以 36 余 11，乙数除以 36 余 25，所以"甲数×乙数"除以 36 的余数等于 11×25 除以 36 的余数。

(11×25)÷36=7……23，即最后一个胶卷拍了 23 张，还可拍 36-23=13(张)。

67. 应该是"大"字。

68. 按题设要求，则有以下结论。

(1) 第 52 个珠子是白珠子。

(2) 前 52 个珠子共有 17 个白珠子。

69. 最大与最小数的和为 170-150=20，所以最大数最大为 20-1=19，当最大为 19 时，有 19+18+17+16+15+14+13+12+11+10+9+8+7+1=170，当最大为 18 时，有 18+17+16+15+14+13+12+11+10+9+8+7+6+2=158，所以最大数为 19 时，第 2 个数

为 7。

70. 第一方案：35, 40, 45, 50, 55, …, 35

第二方案：45, 50, 55, 60, 65, …, 40

对这两次方案进行调整，第一方案调整为：40, 45, 50, 55, …, 35+35(把第一天读的放到最后)

第二方案调整为：40, 45, 50, 55, …(把最后一天读的放到第一天)

这样第二方案调整后一定是 40, 45, 50, 55, 60, 65, 70，总页数为 385 页。

71. 因为 34×28+28=35×28=980<1000，所以只有以下几个数：

34×29+29=35×29

34×30+30=35×30

34×31+31=35×31

34×32+32=35×32

34×33+33=35×33

以上数的和为 35×(29+30+31+32+33)=5425

72. 本题答案不唯一，其中一个符合要求的答案为：在第 1、第 2、第 3 三个盒子中各放入 13 枚棋子，在第 4~11 个盒子中各放 3 枚棋子，在第 12 个盒子中放入 37 枚棋子，这样刚好是 100 枚棋子，每个盒子里的棋子数字中都有一个"3"。

73. 将 9 个连续的正整数作因式分解，如果某个质数是其中至少两个分解式的因子，那么次数最高的那个方幂会包含在最小公倍数 Q 中，而其他方幂的乘积则出现在 P 除以 Q 的商中。显然这样的质数必定小于 9，只可能是 2、3、5 或 7。

设 $P \div Q = R$，则 R 的质因数必定取自 2, 3, 5, 7。

两个不同的 7 的倍数至少相差 7，因此在 9 个连续正整数中，最多有两个数含有质因数 7。当有两个数是 7 的倍数时，可能它们都不能被 7×7 整除，也可能其中一个数是 7×7 的倍数，而另一个不是。于是 R 的质因数分解式中 7 的幂次最高是 1。

类似的分析，R 中最多包含一个质因数 5。在 9 个连续的正整数中，恰有 3 个数是 3 的倍数，其中一个数能被 9 整除，而另外两个数仅能被 3 整除，因此 R 中所包含的质因数 3 的幂次必定为 2。

在 9 个连续的正整数中，最多有 5 个数是偶数。此时，除去含有 2 的幂次最高的数外，其余的 4 个数含有质因数 2 最多的情形是：其中有 2 个仅为 2 的倍数，有 1 个是 4 的倍数，另一个是 8 的倍数。即 R 的质因数分解式中 2 的幂次最多是 1+1+2+3=7。

综上所述，R 的最大值是 $2^7 \times 3^2 \times 5 \times 7 = 40320$。事实上，对于 9 个连续正整数 560, 561, …, 568，P 除以 Q 所得到的商恰是 40320。

74. 先求出乘积再求余数，计算量太大。简单的办法是，可先分别计算出各因数除以 17 的余数，再求余数之积除以 17 的余数。

478、296、351 除以 17 的余数分别为 2、7、11，(2×7×11)÷17=9……1。

所求余数是 1。

75. 发了 31 艘船。从上午 8 点到 18 点共 10 个小时，如果每 20 分钟发一艘的话，共可以发 30 次，又因为 8 点整发出 1 艘轮船，18 点整也发出 1 艘轮船，所以共发了 31 艘轮船。

76. 不管怎么数离整除都缺一个苹果，也就是说，如果加一个苹果的话，就应该都可以整除了。所以，加 1 个苹果，这个数就是 2, 3, 4, 5, 6, 7, 8, 9, 10 的公倍数。而 2, 3, 4, 5, 6, 7, 8, 9, 10 的最小公倍数是 2520，所以这堆苹果至少有 2519 个。

77. 因为 1÷7=0.142857142857……循环节为 142857，

而 100÷6=16……4

所以 1 除以 7 小数点后第一百位，与循环节第四位相同，是 8。

第二章　问题答案

78. 第一个数字分别是奇数 3, 5, 7, 9, …；第二个数字是 +4 的倍数，即 +8, +16, +20, +24, +28, …；第三个数比第二个数多 1。

所以下一组三角数为：$15^2+112^2=113^2$。

79. $111÷(1+1+1)=37$

$222÷(2+2+2)=37$

$333÷(3+3+3)=37$

$444÷(4+4+4)=37$

$555÷(5+5+5)=37$

$666÷(6+6+6)=37$

$777÷(7+7+7)=37$

$888÷(8+8+8)=37$

$999÷(9+9+9)=37$

80. 设这个五位数为 x，那么第一个六位数为 $x+100000$，第二个六位数为 $10x+1$。这样：$10x+1=3(x+100000)$

$x=42857$

81. 因为这个数减去 9 正好可以被 9 整除，减去 8 正好可以被 8 整除，减去 7 正好可以被 7 整除，说明这个数正好可以被 7、8、9 三个数整除。那么这个数必然是 7、8、9 的公倍数。7、8、9 的最小公倍数是 504，所以这个数就是 504。

82. $7777×9999=77762223$

$77777×99999=7777622223$

$777777×999999=777776222223$

$7777777×9999999=77777762222223$

83. 如果他第 10 次考试依然得 80 分，那么他的平均分就是 80 分，而要使平均分多一分，则需要增加 10 分，即得 90 分。

84. 设你想的数为 x，结果是 y。

$y=2(x-3)+x$

$x=(y+6)\div3$

所以根据对方给的结果，做一下简单的计算就可以得到其默想的数字了。

85. 设第二个数为 x，那么第一个数为 $5x+1$，第三个数为 $5(5x+1)+1=25x+6$。

$5x+1+x+25x+6=100$

解得：$x=3$

所以，第二个数字是 3。

86. 设乙出门时带了 x 元，则甲带了 $2x$ 元。

$2x-50=3(x-50)$

解得：$x=100$

所以出门的时候，甲带了 200 元，乙带了 100 元。

87. 首先计算一下 $1+2+3+\cdots+45$，结果是 1035，所以折起的两页之和为 35，也就是页码为 17、18 的两页。

88. 第一个插图在第 2 页，第二个插图在第 6 页，也就是说中间隔了 4 页，所以第 10 幅插图在 $2+9\times4=38$(页)。

89. 分一箱剩下 5 个，分四箱会剩下 20 个，这样还可以每人分 3 个，最后剩下 2 个。

90. 设两个数分别是 a 和 $b(a>b)$，两个数的和为 $a+b$，两个数的差为 $a-b$，$(a+b)-(a-b)=2b$。所以结果的规律就是等于较小的数的 2 倍。

91. $10^4=10000$，是个 5 位数，而 $5^4=625$，所以这四个数字之和一定比 5 大，比 10 小。而 $6^4=1296$，$7^4=2401$，$8^4=4096$，$9^4=6561$。符合要求的只有 2401。

92. 设甲有 x，则乙有 $1-x$。

$80\%x=1-x+20\%x$

解得：$x=5/8$

所以甲有 5/8 的股份，乙有 3/8 的股份。

93. 因为圆珠笔的支数都是 4 的倍数，而铅笔的总价格也都是 4 的倍数，这样结果一定是 4 的倍数，而 85 不是 4 的倍数，因此可以断定算错了。

94. $1+1+1+7=10$；

$1+1+3+5=10$；

$1+3+3+3=10$。

共有三组(分别为 1、1、1、7；1、1、3、5；1、3、3、3)。

95. 首先，我们知道 1~9 这 9 个页码分别需要 1 个铅字；10~99 这 90 个页码分别需要 2 个铅字；100~999 这些页码则分别需要 3 个铅字，以此类推。

前 9 页一共需要 9 个铅字，10~99 页需要 180 个铅字，这样用去了 189 个铅字，还剩下 660-189=471，用到 3 个铅字的页码有 471/3=157 页，所以这本书的总页码为99+157=256(页)。

96. 设他先吃掉 x 个，剩下 x-4 个。

x+1=3(x-4-1)

解得：x=8

剩下 8-4=4(个)。

所以一共有 8+4=12(个)苹果。

97. 如果你觉得是(20+10)÷2=15(千米/小时)，那就错了。

正确的方法为：

设这段距离为 s。

上学所用的时间为 $\frac{s}{20}$，放学所用的时间为 $\frac{s}{10}$。平均速度=$\frac{2s}{\frac{s}{20}+\frac{s}{10}}$=$\frac{40}{3}$(千米

/小时)。

98. 60×60×250÷(50×50)=360(块)

所以需要 360 块。

99. 设这本书有 x 页。

$\frac{1}{9}x+\frac{1}{9}x+12=\frac{2}{3}x$

解得：x=27

所以这本书有 27 页。

100. 倒着推即可。因为一共有 48 枚硬币，最后三堆数量相同，即每堆为 48/3=16(枚)。第三次并入第一堆的硬币数为 $\frac{16}{2}$=8(枚)，即第三堆有 16+8=24(枚)硬币。所以第二次并入第三堆的硬币数为 $\frac{24}{2}$=12(枚)，即第二堆有 16+12=28(枚)硬币。

第一次并入第二堆的硬币数为 $\frac{28}{2}$=14(枚)，所以第一堆有 8+14=22(枚)硬币。

因此，最开始的时候，第一堆有 22 枚硬币，第二堆有 14 枚硬币，第三堆有 12 枚硬币。

101. (1) 只要不是 0 即可。

(2) 5 或者 0。

102. 最大的整数是 36。

(4÷2+5-3)×9=36

103. 至少需要 5 个砝码，分别重 1 克、3 克、9 克、27 克、81 克。

砝码是可以放在天平左右两个托盘里的，等号左边代表被称物，右边代表砝码：

1=1

2=3-1

3=3

4=3+1

5=9-3-1

6=9-3

7=9-3+1

8=9-1

9=9

10=9+1

11=9+3-1

……

121 之内都可以表示出来。

104. 3+3÷3=4

105.

2	5	4	3	1
5	4	3	1	2
4	1	5	2	3
1	3	2	5	4
3	2	1	4	5

106. 24(分)+36(分)=1(小时);

11(小时)+13(小时)=1(天);

158(天)+207(天)=1(年);

46(年)+54(年)=1(世纪);

2 减去 1 本来就等于 1。

107. 共有 20 个。要注意 30 到 39 的范围内就有 11 个 3。或者可以这样计算：个位数是 3 的有 10 个，十位数是 3 的也有 10 个，百位数是 3 的有 0 个。一共是 20 个。

108. 只要你计算一下 625×625 就可以看出规律，因为 625×625=390625，末尾 3 个数字仍然是 625，也就是说，无论乘以多少个 625，最后 3 位数都是 625。

109. 有 48 个 0。只需数一下 1 到 200 中末尾含有 0 和 5 的个数即可，其中 25、50、75、100、125、150、175 和 200 都会出现两个 0。

110. (0!+0!+0!+0!)!=24。因为 0!=1，所以 4!=4×3×2×1=24。

111. (5-1÷5)×5=24

112. 把 7 个半瓶酒中的 2 个半瓶倒入另外 2 个半瓶中。这样就是 9 个满的，3 个半满的，9 个空的。一人 3 个满的，1 个半瓶的，3 个空瓶。

113. 22K。因为纯金是 24K，所以 9K 黄金的纯度以十进制表示为 0.375。利用计算器，你将一个数目乘上 0.024 就可以转换成 K 数。所以，946×0.024=22.704，即 22K。当然，按比例也可以算出来。

114. 如果你认为是 9 秒那就错了。这个钟每敲两声的间隔时间为 3÷2=1.5(秒)，所以 9 点时，有八个间隔，需要 1.5×8=12(秒)。因此需要 12 秒。

115. 张辽的军队到达之前，曹操的士兵已经吃了一天的粮食了，所以，现在的粮食还够 20 万人吃 6 天。加上张辽的人马后只能吃 5 天了，这就是说，张辽的人马在 5 天内吃的粮食等于曹操原来士兵 1 天吃的，所以张辽带来了 4 万人。

116. 4 个。

在最差的情况下抓 3 个至少是每种颜色的彩球各一个，所以再多抓一个，也就是 4 个，那么里面一定会有 2 个是一样颜色的。这就是最简单的"抽屉原理"。

下面解释一下"抽屉原理"，我们先看几个例子。

"任意 367 个人中，必有生日相同的人。"

"从任意 5 双手套中任取 6 只，其中至少有 2 只恰为一双手套。"

"从数 1, 2, …, 10 中任取 6 个数，其中至少有 2 个数为奇偶性不同。"

……

大家都会认为上面所述结论是正确的。这些结论是依据什么原理得出的呢？这个原理叫作抽屉原理。它的内容可以用形象的语言表述为："把 m 个东西任意分放进 n 个空抽屉里($m>n$)，那么一定有一个抽屉中放进了至少 2 个东西。"

在上面的第一个结论中，由于一年最多有 366 天，因此在 367 人中至少有 2 人出生在同月同日。这相当于把 367 个东西放入 366 个抽屉，至少有 2 个东西在同一抽屉里。在第二个结论中，不妨想象将 5 双手套分别编号，即号码为 1, 2, …, 5 的手套各有两只，同号的两只是一双。任取 6 只手套，它们的编号最多有 5 种，因此其中至少有 2 只的号码相同。这相当于把 6 个东西放入 5 个抽屉，至少有 2 个东西在同一抽屉里。

117. 由于三个数都在个位上，所以两个数的乘积个位还是这个数的有 0、1、5、6 四个数。

把这四个数代进去，试一试。

90×0=0；

91×1=91；

95×5=475；

96×6=576。

所以答案是：6。

118. 按题目要求循环数的时候，是以 18 为循环。2000 除以 18 后余 2，所以数到 1998 根手指的时候刚好到左手食指，再数两下：左手拇指，左手食指。所以第 2000 根手指是左手食指。

119. 开车的时间是 7 点 6 分 39 秒。因为 1999 小时 2000 分钟 2001 秒是 2032

小时 53 分 21 秒，除去中间是 12 的倍数的 2028 小时，剩下的时间是 4 小时 53 分 21 秒。那么，开车时间就是 7 点 6 分 39 秒。

120. 甲的口袋里有 15 元；乙的口袋里有 25 元；丙的口袋里有 20 元。

121. 死者没有活到 100 岁，现在又是 1990 年，这说明死者的出生年是在 1890～1990 年，问题的关键在于找出一个数，其平方也在这个范围内。

现在有：43×43=1849，44×44=1936，45×45=2025。

由此可知，死者在 1936 年时 44 岁，他的出生年是 1936-44=1892 年。

122. 儿子 2 岁，女儿 6 岁，她 36 岁，她老公 72 岁。

123. 随便答答对的概率只能从没有把握的 70 道题中算，也就是那 70 道题中，按概率可以答对 $70×\frac{1}{4}$ =17.5(道)，再加上有把握的 30 道，从概率上讲，他只能答对 48 道，所以还是不能及格。

124. 1991 年，倒过来是 1661 年。

125. 车费按照每人乘坐的距离计算最公平，乙给甲 4 元，丙给甲 8 元，丁给甲 6 元。

126. 一般而言，他走过的地砖的个数等于两条边上的地砖个数之和再减去这两个数目的最大公约数：16+14-2=28。

127. 甲的情况是可能的。6 次射击都中靶，而总分又只有 8 分，不可能有一次得 5 分以上，最多只有一次得 3 分。这样其余 5 次各得 1 分，即：8=1+1+1+1+1+3。而且这是唯一的答案。

乙的情况是不可能的。因为 6 次射击都中靶，每次最多得 9 分，9×6=54(分)，比 56 分小。所以，这是不可能的。

丙的情况是可能的，并且有好几种可能性，即答案不是唯一的。从总分是 28 分可以知道，最多有 2 次是得 9 分的(如果有 3 次得 9 分，共 27 分，其余 3 次即使都是 1 分，也超过了 28 分)。这样可能有三种情况：9、9、7、1、1、1；9、9、5、3、1、1；9、9、3、3、3、1。

如果只有 1 次得 9 分，这样又有 6 种可能的情况：9、7、7、3、1、1；9、7、5、5、1、1；9、7、5、3、3、1；9、7、3、3、3、3；9、5、5、5、3、1；9、5、5、3、3、3。

如果一次 9 分也没有，又可得到 7 种可能的得分情况：7、7、7、5、1、1；7、7、7、3、3、1；7、7、5、5、3、1；7、7、5、3、3、3；7、5、5、5、5、1；7、5、5、5、3、3；5、5、5、5、5、3。

因此，总分是 28 分的一共有 16 种情况。

丁的情况是不可能的，因为中靶的分数都是奇数，6 个奇数的和一定是偶数，而 27 是奇数，所以不可能。

128. 这三个数是 1、2、3。1×2×3=6，1+2+3=6。

129. 有许多例子：

243+675=918；

341+586=927；

154+782=936；

317+628=945；

216+738=954；

352+467=819；

......

130. 为12111。

如果8个一千，8个一百，8个一可以写成8808，也就是：8×1000+8×100+8=8808。对于11个一千，11个一百，11个一，为11×1000+11×100+11=12111。

131. 8+8+8+88+888=1000

132. 3×3+(3+3)÷3+333×(3+3)-3+3=2009。

133. 两数必然为0。由陈述可推知：①0+0=0，②0+1=1，③1+1=1。

134. 用 A 表示戴帽子，B 表示戴手套，C 表示系围巾，可以画一张韦恩图来分析三者的关系。

(1) 3 人；

(2) 1 人；

(3) 18 人；

(4) 10 人。

135. 21×58=1218

81×23=1863

79×43=3397

136.

(1+2)÷3=1

1×2+3-4=1

[(1+2)÷3+4]÷5=1

(1×2+3-4+5)÷6=1

{[(1+2)÷3+4]÷5+6}÷7=1

[(1×2+3-4+5)÷6+7]÷8=1

137. 999+999÷999=1000

138. (1+1÷9)×9=10

139. A 组中的黑色牌数设为 x，则 A 组中剩下的 26-x 张是红色牌。一副牌一共有 26 张红色牌，所以 B 组中有 x 张红色牌。因此 A 组中的黑色牌数和 B 组中的红色牌数必然是相同的，概率为100%。

140. 小王剩了 13 张，小李剩了 15 张，小张剩了 12 张。

141. 这是个杠杆问题，利用力矩平衡原理很容易就可以判断出来。从中心的三角形处开始算起，第一块方块的力臂长设为1，则第二块力臂为3，第三块力臂为5……依此类推。然后分别用每个方块乘以对应的力臂，看最后结果是否相同，即可判断是否平衡。

左边=6×9+5×7+1×5+3×3+1×1=104

右边=1×1+1×3+1×5+1×7+2×9+1×11+1×13+1×15+1×17+1×19=109

所以不平衡。

142. 设现在哥哥 x 岁，弟弟 y 岁。

$x-4=2(y-4)$

$x+4=\dfrac{4}{3}(y+4)$

解得：$x=12$，$y=8$

因此，现在哥哥 12 岁，弟弟 8 岁。

第三章　问题答案

143. 需要 55 个苹果。

每一层都是一个自然数的平方：

第一层：$1^2=1$

第二层：$2^2=4$

第三层：$3^2=9$

第四层：$4^2=16$

第五层：$5^2=25$

所以：

一层的金字塔有苹果数：$1^2=1$

二层的金字塔有苹果数：$1^2+2^2=5$

三层的金字塔有苹果数：$1^2+2^2+3^2=14$

四层的金字塔有苹果数：$1^2+2^2+3^2+4^2=30$

五层的金字塔有苹果数：$1^2+2^2+3^2+4^2+5^2=55$

144. 直觉上来讲，2 米对地球的周长来说微不足道，而对篮球来说要大得多。所以应该是篮球的空隙大。但这个"直觉"是错的。

地球周长是其半径的 2π 倍，即铁丝长度应为地球半径加上空隙高度再乘以 2π。

如果它和地球周长的差是 2 米，那么就有：

$2\pi(r+x)-2\pi r=2$

$2\pi x=2$

$x=1/\pi$

大约等于 0.33 米。

也就是说，不管这个球是地球还是篮球，哪怕是乒乓球，空隙也是一样的，都是大约 0.33 米。

145. 因为题目中说：只要她少错一道题就可以正好及格。那么如果她少错一道题，就会加上 5 分，而且不用倒扣 3 分，也就使婧婧的成绩会再加 5+3=8(分)。

及格是 60 分，再加 8 分才及格，说明婧婧得了 52 分。

设婧婧做对了 x 道题，那么她做错的题目是 20-x 道题。

根据题意列出方程：

$5x-3(20-x)=52$

解方程得：

$x=14$

所以婧婧答对了 14 道题，答错了 6 道题。

146. 由已知条件可知道，每天用去 30 袋水泥，同时用去 30×2 袋沙子，才能同时用完。但现在每天只用去 40 袋沙子，少用(30×2-40)袋，这样才累计出 120 袋沙子。因此看 120 袋里有多少个少用的沙子袋数，便可求出用的天数，进而可求出沙子和水泥的总袋数。

解：水泥用完的天数为 120÷(30×2-40)=120÷20=6(天)

水泥的总袋数为 30×6=180(袋)

沙子的总袋数为 180×2=360(袋)

所以运进水泥 180 袋，沙子 360 袋。

147. 公式：(车长+桥长)÷火车车速=火车过桥时间

速度为每小时行 64.8 千米的火车，每秒的速度为 18 米。某火车通过 250 米长的隧道用 25 秒，通过 210 米的铁桥用 23 秒，则：

该火车车速为：(250-210)÷(25-23)=20(米/秒)

路程差除以时间差等于火车车速。

该火车车长为：20×25-250=250(米)或 20×23-210=250(米)

所以该列车与另一列长度为 320 米、速度为每小时行 64.8 千米的火车错车时需要的时间为(320+250)÷(18+20)=14.25(秒)。

148. 他至少带了 2519 个兵。

首先，我们发现了一个特点，就是说，无论选择 2 到 10 这几个数中的哪个，都是只差一个人就可以站满整排。

换句话说，只要多增加一个人，就可以做到无论是 2 人一排、3 人一排、4 人一排、5 人一排、6 人一排、7 人一排、8 人一排、9 人一排、10 人一排，都可以站满整排。

所以我们以能站满整排为出发点。

要想每排人站满，人数必须是每排人数的倍数，也就是只有 10，9，8，7，…，2 的公倍数，才能做到无论怎样排都是整排的。

而 10, 9, …, 2 的最小公倍数是 2520。其中当然包括了那个多出来的一个人，所以，韩信带的士兵人数至少应该是 2520-1=2519(人)。

149. 把这 8 个轮胎编上号码，每过 5000 千米，就换 1 次轮胎，这样所有轮胎可以使用 4 次。换轮胎的顺序如下(分别以要使用的三个轮胎的编号表示)：1、2、3→1、2、4→1、3、4→2、3、4→4、5、6→2、3、7→5、6、7→5、6、8→5、7、8→6、7、8。这样，正好可以行驶 5 万千米。

150. 这个数是 156。

设这个数是 x。

那么 $x+100=n^2$

而 $n^2=m^2-68$

即 $m^2-n^2=68$

$(m+n)(m-n)=68$

其中 $68=68\times1=34\times2=17\times4$

只有这三种可能，所以可以求出：

$m=18$

$n=16$

又因为：

$x+100=n^2$

所以 $x+100=16\times16$

解得：$x=156$

151. 一共有 108 枚硬币。

计算过程如下。

设硬币数为 m，x、y、z 分别为 m 被 3、5、7 除得的整数商。

则可列出以下方程式：$3x=5y+3=7z+3=m$

从上面各式可得：

$x=\dfrac{5}{3}y+1$

$z=\dfrac{5}{7}y$

从上面各式可得：y 应为 3 和 7 的最小公倍数。

$y=21$

故硬币数为：

$m=5\times21+3=108$(枚)。

152. 设蜘蛛、蜻蜓、蝉的个数分别为 A、B、C，则有以下三个方程：

(1) $A+B+C=20$(总个数)

(2) $8A+6B+6C=128$(总腿数)

(3) $2B+C=22$(翅膀对数)

解得：$A=4$，$B=6$，$C=10$

即蜘蛛有 4 只，蜻蜓有 6 只，蝉有 10 只。

153. 百位上的数字 a 不可能是 0，所以有 7 种选择，十位数字 b 可取其他三张卡片的六种数字；最后个位数 c 可取剩余两张卡片的四种数字。

综上所述，一共可以组成不同的三位数为 7×6×4=168(个)。

154. 根据在距离中点 4 千米处相遇和甲比乙速度快的条件，可知甲比乙多走(4×2=)8 千米，又知经过 4 小时相遇，即可求甲比乙每小时快多少千米。

解：4×2÷4=8÷4=2(千米)

所以甲比乙每小时快 2 千米。

155. 已知每张桌子比每把椅子贵 30 元，如果桌子的单价与椅子同样多，那么总价就应减少(30×6)元，这时的总价相当于(6+5=)11 把椅子的价钱，由此可求每把椅子的单价，再求每张桌子的单价。

解：每把椅子的价钱为

(455−30×6)÷(6+5)

=(455−180)÷11

=275÷11

=25(元)

每张桌子的价钱为：25+30=55(元)

所以每张桌子的价格为 55 元，每把椅子的价格为 25 元。

156. 526485+197485=723970

G=1，O=2，B=3，A=4，D=5，N=6，R=7，L=8，E=9，T=0。

步骤如下。

首先 D=5，得到 T=0；

∵2L+1=R，

∴R 是奇数，

∵D=5，D+G=R

→R=7 或 R=9

∵O+E=O

→E=0 或 E=9

∵T=0

∴E=9，R=7，G=1

∵2L+1=R

→L=3 或 L=8

∵E=9，2A+1=E

→L=8，A=4

剩下 N、B、O 还未确定，即 2、3、6 未知。

N+7=B 或 N+7=B+10➞B=3，N=6，O=2。

157. 每 5/14 天只前进了 15/2 安古拉，每天前进 15/2÷5/14=21 安古拉，它的尾巴每 1/4 天就要长出 11/4 安古拉，每天长出 11/4÷1/4=11 安古拉。

设大黑蛇要过 x 天才能完全进洞，则：

21x=80+11x

10x=80

x=8(天)

所以大黑蛇要 8 天时间才能完全进洞。

158. 设河宽 AB=x 尺，木杆 C 到 AB 延长线的距离为 y 尺。

由三角形相似可以列出方程组：

$$\begin{cases} 60/40.2=(60+y)/(40.2x/12) \\ 135/90=(135+y)/(40.2x/12) \end{cases}$$

解得：x=3000

所以这条河宽 3000 尺。

159. 连接 CE 延长交 AB 于 I，设 AI=x，CI=y，因为三角形相似，可以列出如下方程组：

$$\begin{cases} y/x=123/5 \\ (y+1000)/x=127/5 \end{cases}$$

解得：x=1250，y=30750

所以岛高为 1250+5=1255(步)，岛与前柱相距 30750 步。

160. 如下图所示。

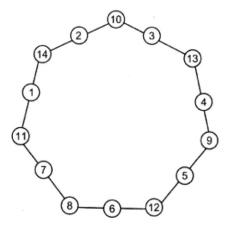

161. 本题解题过程有些复杂。

首先，要计算出两马相遇共跑的路程。好马跑完全程 3000 里后，在返回途中与劣马相遇，相遇时两匹马一共跑了 3000×2=6000(里)。所以可以把这个过程看成是一个简单的相遇问题，即好马与劣马相向而行，总距离为 6000 里。

然后用等差数列求和公式，分别计算出两匹马各行了多少里，它们的和为 6000 里，解出即可。

设 n 天后两马相遇，由等差数列求和公式列方程得：

[193n+13n(n-1)/2]+[97n-1/2×n(n-1)/2]=6000

解得：n=15.7

好马所走的距离为 193n+13n(n-1)/2=4530(里)，劣马所走的距离为 6000-4530=1470(里)。

162. 设上底的宽为 x，则上底的长为 x+3，高为 x+11，下底宽为 x+2，下底长为 x+3+4=x+7。

则根据这个梯形台的体积，列出方程为：

[2(x+2)(x+7)+2x(x+3)+x(x+7)+(x+2)(x+3)]×(x+11)/6=0.075×(1418+3222)×5

解得：x=7

代入即可以求出梯形台的长、宽、高(上底宽为 7 丈，上底长为 10 丈，高为 18 丈，下底宽为 9 丈，下底长为 14 丈)。

163. 看清了题意以后，这道题的解法很简单，列方程即可。

设这群羊共有 x 只，根据题意可得：x+x+x/2+x/4+1=100

解这个方程得：x=36

即牧羊人放牧的这群羊共有 36 只。

164. 这个题目只要用五元一次方程组即可解，解法如下。

设甲、乙、丙、丁、戊五根绳子的长度分别为 x、y、z、s、t，井深为 u，那么列出方程组：

$$\begin{cases} 2x+y=u \\ 3y+z=u \\ 4z+s=u \\ 5s+t=u \\ 6t+x=u \end{cases}$$

解这个方程组得：

x=265u/721

y=191u/721

z=148u/721

s=129u/721

t=76u/721

因为要求最小正整数解，所以五家绳子的长度分别为 265 米、191 米、148 米、129 米、76 米，井深 721 米。

165. 从刚相会到最近的再一次相会的天数，是三个女儿回家间隔天数的最小公倍数。也就是求 5、4、3 的最小公倍数，为 60。所以至少要隔 60 天，三人才能再次在娘家相会。

166. 当一个球滚动一周时，它平移的距离等于它的周长。矩形的周长等于圆周长的 12 倍，意味着外面的球沿矩形的边滚了 12 圈。而在每一个角上它还要滚上 1/4 圈，所以它总共滚了 13 圈。里面的球滚过的距离等于周长的 12 倍减去其半径的 8 倍。半径等于周长除以 2π。因此它滚过的圈数为 12-(4/π)，大约为 10.7 圈。

167.《张邱建算经》给出的答案曰：鸡翁四，值钱二十；鸡母十八，值钱五十四；鸡雏七十八，值钱二十六。又答：鸡翁八，值钱四十；鸡母十一，值钱三十三，鸡雏八十一，值钱二十七。又答：鸡翁十二，值钱六十；鸡母四，值钱十二；鸡雏八十四，值钱二十八。也就是说，这道题共有三组解。

这道题的意义不仅仅在于它导致三元不定方程组，更重要的是开创了"一问多答"的先例，这是过去我国古算书中所没有的。

但是《张邱建算经》没有给出具体的求解过程。我国古算书的著名校勘者甄鸾和李淳风注释该书时也没有给出解法。到了清代，研究百鸡术的人渐渐多了起来，1815 年骆腾凤使用大衍求一术解决了百鸡问题。1874 年丁取忠创新使用了一个简易的算术解法。在此前后时曰醇(约 1870 年)推广了百鸡问题，称为《百鸡术衍》，从此百鸡问题和百鸡术才广为人知。百鸡问题还有多种表达形式，如百僧吃百馒，百钱买百禽等。

从现代数学的观点来看，百鸡问题是一个求不定方程整数解的问题。

答案有三种可能：4 只公鸡、18 只母鸡、78 只小鸡；8 只公鸡、11 只母鸡、81 只小鸡；12 只公鸡、4 只母鸡、84 只小鸡。

解题过程如下。

设买公鸡 x 只，买母鸡 y 只，买小鸡 z 只，那么根据已知条件列方程，有：

$$\begin{cases} x+y+z=100 \cdots\cdots ① \\ 5x+3y+z/3=100 \cdots\cdots ② \end{cases}$$

②×3-①，得：

$14x+8y=200$

也就是 $7x+4y=100 \cdots\cdots ③$

在③式中 $4y$ 和 100 都是 4 的倍数：$7x=100-4y=4(25-y)$

因此 $7x$ 也是 4 的倍数，7 和 4 是互质的，也就是说，x 必须是 4 的倍数。

设 $x=4t$

代入③，得 $y=25-7t$

再将 $x=4t$ 与 $y=25-7t$ 代入①，有：

$z=75+3t$

取 $t=1$，$t=2$，$t=3$，就有：

$x=4$，$y=18$，$z=78$；

或 $x=8$，$y=11$，$z=81$；

或 $x=12$，$y=4$，$z=84$；

因为 x、y、z 都必须小于 100 且都是正整数，所以只有以上三组解符合题意。

168. 设客人是 x 人，可用各种碗的个数合起来等于碗的总数的关系列方程解答。

$x/2+x/3+x/4=65$

解得：$x=60$

所以她家一共来了 60 位客人。

这道题目在《孙子算经》中的解法是这样记载的："置六十五只杯，以一十二乘之，得七百八十，以一十三除之，即得。"

169. 设楼高 $AB=x$ 尺，$MO=y$ 尺，$BO=z$ 尺。

由三角形相似可得方程组：

$$\begin{cases} 6/12=(6+y)/z \\ 6/11.4=(36+y)/z \\ 0.8/x=11.4/z \end{cases}$$

解得：$x=80$

所以这座楼高 80 尺。

170. 第一步，将 9000 克盐用天平平分，一边是 4500 克。

第二步，将 4500 克盐用天平再平分，一边是 2250 克。

第三步，在 2250 克盐中，用 50 克和 200 克的砝码一起称量出 250 克，剩下的就是 2000 克。

171. 设东城墙 AB 长度为 x，北城墙 AC 长度为 y，山的高度 OE 为 h。

由三角形相似可知：$AB/QF=OA/EQ$，得 $OA=2x$。

由三角形相似可得方程组：

$$\begin{cases} (3.5+h)/x=7/12 \\ 3.5/17.5=(43.5+h)/3x \end{cases}$$

解得：$x=2400$

再由 $QP/AC=QF/AB$，得 $y=2000$(尺)。

所以这座城南北长度为 2400 尺，东西宽度为 2000 尺。

172. 设河宽 $AB=x$。

由 $EF/AB=PE/CA$，得 $CA=41x/36$；

再由 $MC/CA=MP/PE$，得 $MC=10x/9$；

由 $NQ=MP$，得 $NO=NQ+QH+HO=MP+QH+PC=MC+QH=10x/9+306$；

最后由 $NQ/QG=NO/OB$，得：

$12/22=(10x/9+306)/(132+41x/36+x)$

解得：*x*=4212 尺=702 步。

所以河宽度为 702 步。

173. 设城边长 *AB*=*x* 尺，城距木杆 *BD*=*y* 尺。

由三角形相似可得方程组：

$$\begin{cases} 30/22.65=(30+y)/x \\ 80/60=(80+y)/x \end{cases}$$

解得：

x=5662.5

y=7470

所以城的边长为 5662.5 尺，城距离木杆 7470 尺。

174. 根据题意，作图如下，其中 *OE*=*OD*=5，(*OA*+*AB*)∶*OB*=5∶3。

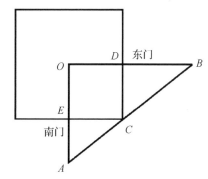

设 *OA*=*x*，*OB*=*y*，由勾股定理知 *AB*²=*x*²+*y*²。

由三角形相似知 *DB*/*DC*=*EC*/*EA*，于是得到方程组：

$$\begin{cases} x+(x^2+y^2)^{\frac{1}{2}}=5y/3 \\ (x-5)(y-5)=25 \end{cases}$$

解得：*y*=115/8=14.375(里)

$$\frac{5y}{3}=\frac{5}{3}\times 14.375=23.958(里)$$

所以甲走了 23.958 里，乙走了 14.375 里。

175. 设这个花样总数为 1，则大女儿的速度为 1/7，二女儿的速度为 1/8，小女儿的速度为 3/29。如果一起绣的话，所用时间为 1/(1/7+1/8+3/29)=2.7(天)。

所以三个女子一起来绣这块花样，一共需要 2.7 天时间。

176. 共有(100+10)÷[3÷(3+1)-1÷(7+1)]=176(枚)

甲有 176×3÷(3+1)-100=32(枚)

乙有 176-32=144(枚)

177. 设水深 *AB*=*x* 尺，*OC*=*y* 尺，*CB*=*z* 尺，*M* 到岸的高度 *MP*=*h* 尺。

由三角形相似可得方程组：

$$\begin{cases} 3/2.4=(3+x+h)/y \\ 3/4.5=(3+h)/(y+z) \\ 3/2.2=(7+x+h)/y \\ 3/4=(7+h)/(y+z) \end{cases}$$

解得：$x=12$

所以水深 12 尺。

178. 设松树高 $AJ=x$ 尺，山离第一根木杆的距离 $BD=y$ 尺。

因 $AJ/AB=CK/CD$，故 $AB=(20/2.8)x=50x/7$。

由 $AJ/CK=BG/DG$ 和 $AB/BH=EF/FH$，得方程组：

$$\begin{cases} x/2.8=(y+46)/46 \\ (50x/7)/(y+353)=20/53 \end{cases}$$

解得：$x=122.8$

$y=13800/7\approx1971.43$

所以松树高 122.8 尺，山离两根木杆距离各为 1971.43 尺和(1971.43+300=) 2271.43 尺。

179. 本题可以根据相似三角形求得答案。

因为三角形 EFG 与三角形 EIJ 相似，可设水深 EI 为 x，则：

$x：IJ=5：12$

即 $IJ=12x/5$

又因为三角形 ABC 与三角形 AHJ 相似，所以有 $AB：BC=AH：HJ$

即 $5：4.15=(x+30+5)：(2+12x/5)$

解得：$x=17.23$

所以水退去的高度为 17.23 尺。

180. 猎人两次经过电信局的时间分别是 9:00 和 10:00，说明他采购的时间是 1 小时。而他全程的时间是从 6:35 到 10:35，一共 4 小时。

也就是说，他从家走到电信局用了 $(4-1)/2=1.5$(小时)。到达电信局的准确时间是 9:00，所以出发的时候应该是 7:30，到家的时间应该是 11:30。

181. 因为每人每天发 3 升米，共发了 430 石 9 斗 2 升米，其中一石等于 10 斗，1 斗等于 10 升，所以合计用了 $43092\div3=14364$(人次)。

又因为第一天派 64 人，以后每天增加 7 人，所以可以持续派 $(1864-64)/7=257$(天)，还余 1 人。这是一个等差数列，第一天为 64 人，第二天为(64+7)人，第三天为(64+7×2)人……第 257 天为(64+7×256)人，第 258 天为(64+7×257)人。

我们先来求它的和，为 $64×258+7×(1+2+3+\cdots+257)=64×258+7×(258×128+129)$，远大于 14364，也就是说，没等这些人全部派完就已经修完了。因为这是一个等差数列，设天数为 x，根据题意得：

$14364=64+(64+7)+(64+7×2)+\cdots+[64+7×(x-1)]$

解得：$x=56$

所以一共修堤 56 天。

182. 用方程解很简单，设木头长为 x，那么绳子的长就应该是 $x+4.5$。

根据题意列方程得：

$x-(x+4.5)/2=1$

解得：$x=6.5$

所以这块木头的长度为 6.5 尺。

183. 将这个题目简单地翻译一下便是：一个数，用 19 除余 1，用 17 除余 14，用 12 除余 1，求这个数是多少。

因为用 19 除、12 除都余 1 的数为 $19×12×n+1$，当 $n=1$ 时，为最小，是 229。但是用 229 除以 17 时，余数为 8，不是 14，要想余数是 14，则 $n=14$。此时这个数最小，为 3193。

所以每箩米有 3193 合，甲偷走(3193−1=)3192 合，乙偷走(3193−14=)3179 合，丙偷走(3193−1=)3192 合。

184. 设原来金子重量为 x，则：

第一关收税为 $x/2$；

第二关收税为 $(x−x/2)/3=x/6$；

第三关收税为 $(x−x/2−x/6)/4=x/12$；

第四关收税为 $(x−x/2−x/6−x/12)/5=x/20$；

第五关收税为 $(x−x/2−x/6−x/12−x/20)/6=x/30$；

$x/2+x/6+x/12+x/20+x/30=1$

解得：$x=1.2$

这个人带了 1.2 斤金子。

185. 如下图所示，根据题意可知：AB 长度为 10 尺，O 为 AB 中点，CO 长度为 1 尺，$CD=BD$，求 DO 的长。

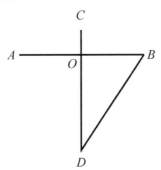

在三角形 OBD 中，设 $OD=h$，则 $BD=CD=h+1$，$BO=5$，根据勾股定理：

$h×h+5×5=(h+1)×(h+1)$

解得：h=12

所以水深为 12 尺，芦苇高度为 13 尺。

186. 设两地距离 x 千米，往返 3 次，也就是说，装米和空车各行了 $3x$ 千米。

$3x/25+3x/35=5$

解得：x=875/36

所以两地相距 875/36 千米(约 24.3056 千米)。

187. 5=1，因为已经告诉了 1=5。

188. 若把第一天织的布看作 1 份，可知她第二、第三、第四、第五天织的布分别是 2、4、8、16 份。根据织布的总尺数和总份数，能先求出第一天织的尺数，再求出以后几天织布的尺数。

即 62/(1+2+4+8+16)=2(尺)

所以她这 5 天分别织布 2、4、8、16、32 尺。

189. 本题可以列方程。假设鸡有 x 只，则兔子有$(35-x)$只。

根据题意，可得：$2x+(35-x)×4=94$

解得：x=23

所以鸡有 23 只，兔子有 35-23=12(只)。

另外，还有其他一些简便算法。

有人是这样计算的：假设这些动物全都受过训练，一声哨响，每只动物都抬起一条腿，再一声哨响，又分别抬起一条腿，这时鸡全部坐在了地上，而兔子还用两只后腿站立着。此时，脚的数量为 94-35×2=24，所以兔子有 24/2=12(只)，则鸡有 35-12=23(只)。

或者说：假设把 35 只全看作鸡，每只鸡有 2 只脚，一共应该有 70 只脚。比已知的总脚数 94 只少了 24 只，少的原因是把每只兔的脚少算了 2 只。看看 24 只里面少算了多少个 2 只，便可求出兔子的只数，进而求出鸡的只数。

除此之外，我国古代有人也想出了一些特殊的解答方法。

假设一声令下，笼子里的鸡都表演"金鸡独立"，兔子都表演"双腿拱月"。那么鸡和兔着地的脚数就是总脚数的一半，而头数仍是 35。这时鸡着地的脚数与头数相等，每只兔着地的脚数比头数多 1，那么鸡、兔着地的脚数与总头数的差就等于兔的头数。

我国古代名著《孙子算经》对这种解法就有记载："上署头，下置足。半其足，以头除足，以足除头，即得。"

具体解法：兔的只数是 94÷2-35=12(只)，鸡的只数是 35-12=23(只)。

190. 这是一个等差数列求和问题。

1+2+3+4+…+99+100=(1+100)×100/2=5050

所以过期 100 天一共需要缴纳利息 5050 尺绢。

191. 设这个圆城的半径为 r，则 $CD=CE=600-r$。

又因为 $MN=EN=72$

所以在三角形 BCN 中，运用勾股定理，可得：

$CN=[(r+72)(r+72)+(600-2r)(600-2r)]^{\frac{1}{2}}$

而 $CN+EN=CE$

代入 $[(r+72)(r+72)+(600-2r)(600-2r)]^{\frac{1}{2}}+72=600-r$

解得：$r=120$ 或 180

192. 根据题意画图如下。

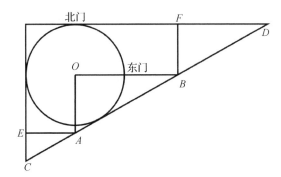

设圆城的半径为 x 步，由图可知 $AE=BF=x$。

因为三角形 AEC 和三角形 DFB 都是直角三角形并且相似，所以有：

$(x/425)^2+(x/544)^2=1$

解得：$x \approx 334.91$

那么直径为 334.91×2=669.82(尺)

所以这个圆城的直径约为 669.82 尺。

193. 设大和尚有 x 人，则小和尚有 $(100-x)$ 人。

$3x+(100-x)/3=100$

解得：$x=25$

所以大和尚有 25 人，小和尚有 75 人。

194. 硬币要滚过 2 个周长(在每个固定的硬币上滚 1/3 圈)，所以共转了 4 圈。最后箭头仍然向上。

195. 这个问题在古代是非常难的，但是现在来看就是一个简单的相遇问题。

设长安至齐的距离为 1，甲的速度为 1/5，乙的速度为 1/7，因为乙先出发 2 天，所以列出算式为：

$(1-2/7)/(1/5+1/7)=25/12$(天)。

也就是说，还要再经过 25/12 天两人相遇。

196. 韩信的这种巧妙算法，人们称为"鬼谷算""隔墙算""秦王暗点兵"等。

人们通常把这个问题叫作"孙子问题"，西方数学家把它称为"中国剩余定理"。现在，这个问题已成为世界数学史上闻名的问题。

明代数学家程大位把这个问题的算法编成了四句歌诀：三人同行七十稀，五树梅花廿一枝；七子团圆正半月，除百零五便得知。

用现在的话来说就是：一个数用 3 除，除得的余数乘 70；用 5 除，除得的余数乘 21；用 7 除，除得的余数乘 15。最后把这些乘积加起来再减去 105 的倍数，就知道这个数是多少。

《孙子算经》中这个问题的算法是：

70×2+21×3+15×2=233

233-105-105=23

所以这些物品最少有 23 个。

根据上面的算法，韩信点兵时，必须先知道部队的大约人数，否则他也无法准确算出人数。

这是因为，被 3、5 整除，而被 7 除余 1 的最小正整数是 15；

被 3、7 整除，而被 5 除余 1 的最小正整数是 21；

被 5、7 整除，而被 3 除余 1 的最小正整数是 70。

被 3、5 整除，而被 7 除余 2 的最小正整数是 15×2=30；

被 3、7 整除，而被 5 除余 3 的最小正整数是 21×3=63；

被 5、7 整除，而被 3 除余 2 的最小正整数是 70×2=140。

于是和数 15×2+21×3+70×2=233，必具有被 3 除余 2，被 5 除余 3，被 7 除余 2 的性质。但所得结果 233 不一定是满足上述性质的最小正整数，故从中减去 3、5、7 的最小公倍数 105 的若干倍，直至差小于 105 为止，即 233-105-105=23。所以 23 就是被 3 除余 2，被 5 除余 3，被 7 除余 2 的最小正整数。

197. 因为这个数用 391 除，余数是 245，而且这个数又是 5 的倍数，所以这个数可以表示成 391×x×5+245 的形式，即 245+1955x。在 245 的基础上逐次加 1955 可得：2200, 4155, 6110, 8065, 10020, …

经检验 10020 符合全部条件，它就是我们要求的数。

198.1, 1, 2, 3, 5, 8, 13, 21, 34, 55, 89, 144, 233, …

观察这一数列，可以看出：从第三个月起，每月兔子的对数都等于前两个月对数的和。根据这个规律，推算出第十三个月月初的兔子对数，也就是一年后养兔人有兔子的总对数为 233 对。

199. 这个问题没有准确的答案，除非知道商人买这辆自行车时用了多少钱。

分析一下整个交易的过程就会发现：到最后，商人失去了一辆自行车，得到了 55 元钱。

假如这辆自行车值 40 元钱，那么这个商人就赚了 15 元；假如这辆自行车值 50 元钱，那么这个商人就赚了 5 元；假如这辆自行车值 45 元钱，那么这个商人就赚了 10 元。

题目中之所以得到三种不同的结论，也是因为他们各自把自行车的初始价格人为地分别定为 40 元、50 元、45 元。也就是说，在不知道自行车的确切价格的时候是不能确定答案的。而在问题中之所以会出现 3 个答案，是因为在第一种情况下，是按照自行车的原始价格为 40 元计算的，在第二种情况下，是按照自行车的原始价格为 50 元计算的，在第三种情况下，是按照自行车的原始价格为 45 元计算的，所以结果才会不一样。

200. 试想：1~9 九个数字中，1+9=10，2+8=10，3+7=10，4+6=10。每对数的和再加上 5 都等于 15，因此可以确定中心格应该填 5，这四组数应分别填在横、竖和对角线的位置上。先填四个角，若填两对奇数，那么因为三个奇数的和才可能得到奇数，四边上的格里已不可以再填奇数了，所以不行。若四个角分别填一对偶数、一对奇数，也行不通。因此，可以判定四个角上必须填两对偶数。对角线的数填好后，其余格里再填奇数就很容易了。

2	9	4
7	5	3
6	1	8

有歌诀传世：九宫之义，法以灵龟，二四为肩，六八为足，左七右三，冠九履一，五居中央。延伸出去，还有四四图，五五图，以至百子图。

201. 一匹绢等于 40 尺，7 匹=280 尺。

设需要卖掉 x 尺，则剩下 $(280-x)$ 尺。

每卖 1 尺绢所买的紫草可以染绢数为 25/40 尺。

根据题意可得：$25x/40=280-x$

$x=172.3$

所以要卖掉 172.3 尺，可以换紫草 172.3/40×30=129(斤)。

202. 这条阶梯至少有 119 阶。

从题中可以看出，阶梯的阶数比 2、3、4、5、6 的公倍数小 1，同时台阶的总数又是 7 的倍数，而 2、3、4、5、6 的最小公倍数是 60，所以，阶梯的阶数必定是 60n-1。其中，n 为正整数。

那么，我们可以列出几种可能的阶数：59，119，179，…

又因为这个数必须是 7 的倍数，其中，59 不是 7 的倍数，而 119 正好是 7 的倍数，所以这个台阶的阶数至少是 119。

203. 把 1～16 按顺序排列在 4×4 的方格里，如下图所示。

1	2	3	4
5	6	7	8
9	10	11	12
13	14	15	16

先把四角对换，1 换 16，4 换 13，然后再把内四角对换，6 换 11，7 换 10。可得下图。

16	2	3	13
5	11	10	8
9	7	6	12
4	14	15	1

这样就得到了答案，横、竖、对角线加起来都是 34，你也来试试看！

204. 这道题非常难，参考答案如下图所示。

除了图中的答案外还有许多走法，即便你没有回到原点，只要走遍了所有的格子，也算正确。

205. 总数是 19607。

房子有 7 间，猫有 7^2=49 只，鼠有 7^3=343 只，麦穗有 7^4=2401 个，麦粒有 7^5=16807 个。全部加起来就是 19607。

206. "割草问题"的解法较多，既可以用小学所学的算术方法解，也可以用中学所学的方程组解，下面先用最基本的列方程组的方法来解。

设割草队共有 x 人，每人每天割草的面积为 1，小块草地的面积为 k，则大块草地的面积为 $2k$。

根据题意列方程组：

$$\begin{cases} \dfrac{x}{2} + \dfrac{x}{2} \times \dfrac{1}{2} = 2k \\ \dfrac{x}{2} \times \dfrac{1}{2} + 1 = k \end{cases}$$

解得：

$$\begin{cases} x = 8 \\ k = 3 \end{cases}$$

所以割草队共有 8 人。

另外，在"割草问题"中，有个非常值得一提的解法：

因为大块草地的面积是小块草地的 2 倍，全队人在大块草地上割半天所割草地的面积也是一半人在小块草地上割半天所割草地的面积的 2 倍。由于大块草地上的剩下部分由一半人半天割完，所以小块草地上的剩下部分也需要总人数的 1/4 用半天割完，相当于总人数的 1/8 用一天割完，而实际上，小块草地上的剩余部分由 1 人割 1 天可以割完，所以总人数为 8。

这种构图法构思巧妙，解法简捷，是"割草问题"最为简捷的解法，几乎不用动笔。在这种方法的背后，实际上用到了一个推理，即由"大块草地面积是小块草地面积的 2 倍"得到"全队人在大块草地上割半天所剩下的草地的面积是一半人在小块草地上割半天所剩下的草地面积的 2 倍"，这是为什么呢？

根据"大块草地面积是小块草地面积的 2 倍"可设小块草地的面积为 a，则大块草地的面积为 $2a$。再设一半人在小块草地上工作半天的割草面积为 b，则全队人在大块草地上工作半天的割草面积为 $2b$，因此全队人在大块草地上割半天所剩下草的面积是 $2a-2b$，一半人在小块草地上割半天所剩下草的面积是 $a-b$，显然 $2a-2b=2(a-b)$。

207. 这个问题比较难，下面列出其中一个符合条件的组合，其实满足要求的答案还有很多，感兴趣的读者可以自己研究摸索一下(假设学生序号为 01～15，以六个数字表示三人组合)。

星期日：010203，040812，051015，061113，070914；

星期一：010405，020810，031314，060915，071112；

星期二：010607，020911，031215，041014，050813；

星期三：010809，021214，030506，041115，071013；

星期四：011011，021315，030407，050912，060814；

星期五：011213，020406，030910，051114，070815；

星期六：011415，020507，030811，040913，061012。

208. 设公牛中，白、黑、花、棕四种颜色的牛分别为 a、b、c、d 头，母牛中，白、黑、花、棕四种颜色的牛分别为 e、f、g、h 头。

根据题意列出方程组：

$$\begin{cases} a-d=b/2 \\ b-d=c/3 \\ c-d=a/4 \\ e=(b+f)/3 \\ f=(c+g)/4 \\ g=(d+h)/5 \\ h=(a+e)/6 \end{cases}$$

因为有 8 个未知数，只有 7 个方程，所以解不止一个，我们来求最小值。

解得：

$a=40d/23$

$b=34d/23$

$c=33d/23$

$e=5248d/8257$

$f=3538d/8257$

$g=2305d/8257$

$h=3268d/8257$

又因为这些数字都必须是整数，所以 d 的最小值为 8257。

其他数字分别为：$a=14360$，$b=12206$，$c=11847$，$d=8257$，$e=5248$，$f=3538$，$g=2305$，$h=3268$。

209. 如果用(1,1)表示来自第一个军团具有第一种军阶的军官，用(1,2)表示来自第一个军团具有第二种军阶的军官，用(6,6)表示来自第六个军团具有第六种军阶的军官，欧拉的问题就是如何将这 36 个数对排成方阵，使得每行每列的数无论从第一个数看还是从第二个数看，都恰好是由 1,2,3,4,5,6 组成。

三十六军官问题提出后，很长一段时间没有得到解决，直到 20 世纪初才被证明这样的方队是排不起来的。

210. 利用两次小容器盛酒比大容器多 1 升，和本身盛 3 升的关系，即可以凑出 4 升的酒。具体做法如下。

	八升容器中的酒	五升容器中的酒	三升容器中的酒
第一次	3	5	0
第二次	3	2	3
第三次	6	2	0
第四次	6	0	2
第五次	1	5	2
第六次	1	4	3
第七次	4	4	0

211. 因为这片草地上的草天天都以同样的速度在生长，设草地上原有草量为 a，每头牛每天吃草 b，草每天生长量为 c，那么 $a+22c=10\times22\times b$，$a+10c=16\times10\times b$，两式相减，$c=5b$。也就是说，草地上每天新长出的草够 5 头牛吃的。所以只需知道草地上原有的草够吃几天即可。原有的草够(10-5)头牛吃 22 天，够(16-5)头牛吃 10 天。由此可以求出，够(25-5)头牛吃 5.5 天。

因此，这片草地可以供 25 头牛吃 5.5 天。

212. 大家不要被这么长的题目吓到，只要抓住题中的关键所在，从后往前推算，就可以迎刃而解了。首先我们设这位父亲共有 n 个儿子，最后一个儿子为第 n 个儿子，则倒数第二个就是第 $(n-1)$ 个儿子。通过分析可知：

第一个儿子分得的财产=100×1+剩余财产的十分之一；

第二个儿子分得的财产=100×2+剩余财产的十分之一；

第三个儿子分得的财产=100×3+剩余财产的十分之一；

……

第 $(n-1)$ 个儿子分得的财产=100×$(n-1)$+剩余财产的十分之一；

第 n 个儿子分得的财产为 100n。

因为每个儿子所分得的财产数相等，即 100×$(n-1)$+剩余财产的十分之一=100n，所以剩余财产的十分之一就是 100n-100×$(n-1)$=100(克朗)。

那么，剩余的财产就为 $100\div\dfrac{1}{10}$=1000(克朗)

最后一个儿子分得：1000-100=900(克朗)。

从而得出，这位父亲有(900÷100=)9 个儿子，共留下财产(900×9=)8100 克朗。

213. 可以将这道题归结为简单的方程。

设共有 x 只蜜蜂，由条件得：

$x/3+x/5+3(x/3-x/5)+1=x$

解这个方程，得到：$x=15$

所以答案是共有 15 只蜜蜂。

214. 设这件短衣的价值为 x 元。

则根据题意列方程：

$(5+x)/(12+x)=7/12$

解得：$x=4.8$

即这件短衣价值为 4.8 元。

215. 27/(1-2/5-2/7-1/4)=420(人)

所以这位船长领导下共有 420 人。

216. 法列士选择了一个晴朗的天气，组织测量队的人来到金字塔前。太阳光给每一个测量队的人和金字塔都投下了长长的影子。当法列士测出自己的影子等于他自己的身高时，便立即让助手测出金字塔的阴影长度。他根据塔的底边长度和塔的阴影长度，很快就算出了金字塔的高度。

217. 这个问题其实很简单，关键点在于不计狗转弯的时间，而且速度恒定。也就是说，只要计算出小狗跑这段路程一共所需要的时间就可以了，而这段时间正好与甲、乙两人相遇的时间相同，所以 $t=50/(3+2)=10$(小时)，小狗跑的路程 $s=5×10=50$(千米)。

218.

(1) $100=3+97$

(2) $50=47+3=43+7=37+13$

(3) $20=17+3=7+13$

219. 这里列了许多答案中的一个。

-1	3	2	-4
5	-7	-6	8
-8	6	7	-5
4	-2	-3	1

220. 冰雹数列(数字的循环出现就像在旋风中翻滚的冰雹颗粒)到现在为止还没有一个一般性的答案，但是从 1 到 26 这些数字都很快地陷入此循环。如果从 7 开始，你会得到：

7, 22, 11, 34, 17, 52, 26, 13, 40, 20, 10, 5, 16, 8, 4, 2, 1, 4, …

数字 27 的变化则有些奇特：在第 77 步时它增加到 9232，然后才开始减少，在第 111 步时开始 1—4—2—1—4—2 的循环。从 1 到 1 兆的数字都被测试过，最后它们都呈现如此的循环。

第四章　问题答案

221. 必须运货时最大化(1000 公斤)，回来时最小化(1 公斤)，即每次前进 1 公里，所以：

当菜量大于 2000 公斤时，要运 3 次，每公里损耗 5 公斤菜；当菜量大于 1000 公斤时，要运 2 次，每公里损耗 3 公斤菜；当菜量小于或等于 1000 公斤时，就能直接运往终点，且每公里只损耗 1 公斤菜。

(1) 1000/5=200，走完 200 公里时损耗(200×5=)1000 公斤，余 2000 公斤。

(2) 1000/3=333.3，再走完 333.3 公里时损耗(333.3×3≈)1000 公斤，余 1000 公斤。

(3) 剩下 1000 公斤菜，需要走(1000-200-333=)467 公里，所以最后剩下 (1000-467=)533 公斤菜可以运到城镇。

222. 兔子先背 50 根胡萝卜到 25 米处，这时，吃了 25 根，还有 25 根，放下。

回头再背剩下的 50 根胡萝卜，走到 25 米处时，又吃了 25 根，还有 25 根。再拿起地上的 25 根，一共 50 根，继续往家走，还剩 25 米，要吃 25 根，到家时剩下 25 根。

223. 可以将这道题归结为简单的方程。

设共有 x 个同学，由条件得：

$x/4+x/7+5(x/4-x/7)+2=x$

解这个方程，得到：$x=28$

所以这个班一共有 28 名同学。

224. 假设麦子的价格为每斤 x 元。

根据题意列方程：

$(4000+100x)/(12000+100x)=5/12$

解得：$x=17.1$

所以现在的麦子是 17.1 元一斤。

225. $102/(1-1/9-2/7-1/3)=378$(人)

所以这个剧团现在一共有 378 人。

226. 设两地距离 x 公里，往返 4 次，也就是说，装物资的车和空车各行了 $4x$ 公里。

根据题意列方程：

$4x/120+4x/200=6$

解得：$x=112.5$

所以两地相距 112.5 公里。

227. 本题可以列方程。假设鸵鸟有 x 只，那么斑马有 $(24-x)$ 只。

根据题意，可知：

$2x+4(24-x)=68$

解得：$x=14$

所以鸵鸟有 14 只，斑马有 10 只。

228. 假设他们公司一共有 x 人，可以列出方程式：

$x+x/2+x/3+x/4=120+5$

解得：$x=60$

所以，他们公司一共有 60 人。

229. 40 件，30 件。

设金宝箱中原有 x 件，银宝箱中有 y 件。

则可得到下面的式子：

$x-25\%x-5=25\%x+5+10$

$y-20\%y-4=2\times(20\%y+4)$

解得：$x=40$，$y=30$

230. 设批发得少的商贩有 x 斤苹果，另一个则有 $(1000-x)$ 斤。

批发得多的单价为：$4900/(1000-x)$

批发得少的单价为：$900/x$

那么：$4900x/(1000-x)= 900(1000-x)/x$

解得：$x=300$

所以一个商贩批发了 300 斤苹果，另一个商贩批发了 700 斤苹果。

231. 设现在一共有 x 名士兵。

$(x-100) \times 5=(x-200) \times 6$

解得：$x=700$

所以现在一共还有 700 名士兵。

232. 设平路的路程为 x 千米，上坡的路程为 y 千米。则：

$2x/4+y/3+y/6=5$

$x+y=10$

所以他 5 小时一共走了 $2x+2y=20$(千米)。

233. 是 32 个。可以这样计算：4 人工作 4×4 小时生产 4 个零件，所以，1 人工作 4×4 小时生产 1 个零件，这样每人工作 1 小时就生产 1/16 个零件。

因此，8 人每天工作 8 小时，一共工作 8 天，生产的零件数目就是 8×8×8×1/16=32(个)。

234. 丁和己是男生。设男生买的衣服单价为 X。

$2×(1+2+3+4+5+6)X-N×X=1000$

N 为两名男生所买件数和，取值范围为 3～11。$42-N$ 的取值范围为 31～39。

X 为男生所买衣服的单价，要求 $1000/X$ 是个整数或者 2 位以内的有限小数。

解得：$42-N=1000/X$

只有当 N 为 10 时，$42-N=32$。$1000/X$ 符合条件。

而 1～6 中两个数之和能等于 10 的只有 4+6，也就是丁和己是男生。

235. 一共有 108 名学生。计算过程为：设总人数为 m。x, y, z 分别为 m 被 3, 5, 7 除得的整数商，则可列出以下方程：$3x=5y+3=7z+3=m$。从上式中可得：$x=5y/3+1$，$z=5y/7$。从上式中可得：$y=21$。故学生数为：$m=5×21+3=108$(名)。

236. 开始时买了 x 只鸡蛋，添了两个后变成 $x+2$。

$12/x-12/(x+2)=1/12$

解得：$x=16$

所以开始时我买了 16 只鸡蛋。

237. 30 个。

设原有李子数为 x，则可得如下公式：$x/2+1+(x/2-1)/2+1+\{x/2-1-[(x/2-1)/2+1]\}/2 + 3=x$，解得 $x=30$。

238. 800 的十分之一是 80，80 的四分之一是 20，20 的一半是 10。

所以 800 的十分之一的四分之一的一半是 10。

239. 17+37+46=100。

240. 公牛 120 美分，母牛 100 美分，小牛 40 美分。

120 头×120 美分=144 美元

100 头×100 美分=100 美元

40 头×40 美分=16 美元

合计 144+100+16=260(美元)。

241. 服装店现在的售价比原价低了。因为如果原价为 100%，涨价到了 110%，降价是按涨价后的 110%降的价，降价后的价格为 110%×90%=99%。

242. 大的 16 斤，小的 4 斤。

243. 8×8 一共有 64 个格，总数相当于 $2^{64}-1$=18446744073709551615。

244. 最大的尝试次数可以这样计算：9+8+7+6+5+4+3+2+1=45(次)。

245. 他赔了 60 元。

设两件衣服分别为甲、乙，买甲花了 A 元，乙花了 B 元，那么，$A(1+50\%)=90$，$B(1-50\%)=90$。解得：$A=60$，$B=180$，$A+B=240$，因此赔了 60 元。

246. 从几点开始计算，角度都是一样的。为了简便，我们从 0 点开始。这样分针转到 3 的位置，转了 90°。时针转了 7 个格加上 3/12 个格。每个格 30°，一共是 217.5°。

247. 这是个集合问题。

既有枪又有弹药的：140+160-190=110。

只有枪的：140-110=30。

只有弹药的：160-110=50。

248. 有三种不同的项链。不同的项链可以由两颗绿色珠子之间的红色珠子的数目来表示：0 个、1 个或 2 个(3 个和 2 个是一样的)。

249. 考虑三人得的总分，有方程：

$M(X+Y+Z)$=22+9+9=40……①

又 $X+Y+Z \geqslant 1+2+3=6$……②

所以 $6M \leqslant M(X+Y+Z)=40$，从而 $M \leqslant 6$。

由题设可知，至少有数学科目和英语科目两个科目，从而 $M \geqslant 2$。

又 M 可以被 40 整除，所以 M 可取 2，4，5。

考虑 $M=2$，则只有英语科目和数学科目，而乙数学科目第一，但总分仅为 9 分，故必有：$9 \geqslant X+Z$，$X \leqslant 8$，这样甲不可能得 22 分。

若 $M=4$，由乙可知：$9 \geqslant X+3Z$。又 $Z \geqslant 1$，所以 $X \leqslant 6$。若 $X \leqslant 5$，那么四项最多得 20 分，甲就不可能得 22 分，故 $X=6$。

因为 $4(X+Y+Z)=40$，所以 $Y+Z=4$。

故有：$Y=3$，$Z=1$，甲最多得 3 个第一，一个第二，一共得分 3×6+3=21<22，

与题设矛盾。

若 *M*=5，这时由 5(*X+Y+Z*)=40 得：

X+Y+Z=8。若 *Z*≥2，则：

X+Y+Z≥4+3+2=9，与题设矛盾，故 *Z*=1。

又 *X* 必须大于或等于 5，否则，甲 5 次最高只能得 20 分，与题设矛盾，所以 *X*≥5。

若 *X*≥6，则 *Y+Z*≤2，这也与题设矛盾，所以 *X*=5，*Y+Z*=3，即 *Y*=2，*Z*=1。

甲=22=4×5+2

故甲得了 4 个第一，1 个第二。

乙=9=5+4×1

故乙得了 1 个第一，4 个第三。

丙=9=4×2+1

故丙得了 4 个第二，1 个第三。

而在数学科目中，乙得了第一，得第三的一定是丙，因为甲没得过第三名，也就是说，甲的那个第二名是数学科目。

所以英语科目中得了第二名的一定是丙。

250. 5346 元，干销售 10 个月后，一共得到 63810 元。

解题过程：可以把每个月得到的工资看成一个等差数列，公差是 230，首项是 (5000+*a*)，*n* 个月后得到的 63810 元就是总和。从而得到：*n*(5000+*a*)+230*n*(*n*-1)/2 = 63810。

这个方程里面有两个未知数，并且都有如下限制：*n* 和 *a* 都必须是自然数，*a* 还不可以等于或大于 1000。另外，*n* 个月后的工资=(5000+*a*)+230(*n*-1)>7000 元，当 *n*=10 时，可以得出 *a*=346。

251. 三分之一的货物重 5.5-5.1=0.4(吨)，所以货物一共有 1.2 吨，船身重 5.5-1.2=4.3(吨)。

252. 大儿子拉了 200 斤，小儿子拉了 300 斤(因本题较简单，解题过程从略)。

253. 假设：A 代表阿历克斯；B 代表克里斯；C 代表鲍博。

只有 AB 相对时，

A 活下来的可能性为 30%+70%×50%×30%+70%×50%×70%×50%×30%+…=0.3/0.65

B 活下来的可能性为 70%×50%+70%×50%×70%×50%+70%×50%×70%×50%×70%×50%+…=0.35/0.65

应该恰好等于 1-0.3/0.65。

只有 AC 相对时，

A 活下来的可能性为 30%，C 活下来的可能性为 70%。

只有 BC 相对时，

B 活下来的可能性为 50%，C 活下来的可能性为 50%。

三人相对时，A 活下来有三种情况：

① A 杀了 C，B 杀不死 A，A 又杀了 B，概率为 30%×50%×0.3/0.65；

② A 杀不死 C，B 杀了 C，A 杀了 B，概率为 70%×50%×0.3/0.65；

③ A 杀不死 C，B 杀不死 C，C 杀了 B，A 杀了 C，概率为 70%×50%×30%。

所以 A 活下来的可能性为 0.105+3/13≈0.336，大于 1/3，比较幸运了。

也有人对此提出疑问，他认为：A 的正确决策是首先朝天开枪！

这样，在这种情况下，B 和 A 一定会死一个，那么 A 在该情况下就有 30%的可能活命！比其他任何情况都高！这才是 A 的策略，也是 A 所能控制的情况。

B 活下来有三种情况：

① A 杀了 C，B 杀了 A，概率为 30%×50%；

② A 杀不死 C，B 杀了 C，AB 相对的情况下 B 杀了 A，概率为 70%×50%×0.35/0.65；

③ A 杀了 C，B 杀不了 A，AB 相对的情况下 B 杀了 A，概率为 30%×50%×0.35/0.65。

所以 B 活下来的可能性为 0.15+3.5/13≈0.419，大于 1/3，非常幸运了。

C 活下来只有一种情况：

A 杀不死 C，B 杀不死 C，C 杀了 B，A 杀不死 C，C 杀了 A，概率为 70%×50%×70%

所以 C 活下来的可能性为 0.245，小于 1/3，非常不幸。

而且 A，B，C 活下来可能性之和恰为 1。

254. 弟弟先拿 4 颗，之后哥哥拿 $n(1 \leq n \leq 5)$ 颗，弟弟就拿 $(6-n)$ 颗，每一轮都是这样，就能保证弟弟能得到最后一颗糖果。

① 我们不妨逆向推理，如果只剩 6 颗糖果，让对方先拿，你一定能拿到第 6 颗糖果。理由是：如果他拿 1 颗，你拿 5 颗；如果他拿 2 颗，你拿 4 颗；如果他拿 3 颗，你拿 3 颗；如果他拿 4 颗，你拿 2 颗；如果他拿 5 颗，你拿 1 颗。

② 我们再把 100 颗糖果从后向前按组分开，6 颗一组。100 不能被 6 整除，这样就分成 17 组。第 1 组 4 颗，后 16 组每组 6 颗。

③ 自己先把第 1 组的 4 颗拿完，后 16 组每组都让对方先拿，自己拿剩下的。这样你就能拿到第 16 组的最后一颗，即第 100 颗糖果了。

255. 一个四位数字乘以 9 还是个四位数字，所以这个数的首位一定是 1，末位就是 9。这样再确定百位，因为百位在乘 9 的时候并没有进位到千位，所以百位应该为 0，这样再确定十位应该是 8，所以原来的数是 1089，乘以 9 后是 9801，两者的差，即答案为：8712。

256. 如果把第一天打的鱼看作 1 份，可以知道第二、三、四、五天打的鱼分别是 3，9，27，81 份。根据打鱼的总和与总份数，能先求出第一天打的鱼的数量，再求出以后几天鱼的数目。

即：1089/(1+3+9+27+81)=9(条)。

所以他这五天分别打了 9, 27, 81, 243, 729 条鱼。

257. 倒着推就很容易能算出来了，一共是 11400 元。

258. 285 块。

1=1

5=1+2×2

14=1+2×2+3×3

30=1+2×2+3×3+4×4

所以

1+2×2+3×3+4×4+5×5+6×6+7×7+8×8+9×9=285

259. 实际上是不可能的，因为隔的时间太久了，要 40320 天，相当于 100 多年。算法为：每天换一下位子，第一个人有 8 种坐法，第二个人有 7 种，第三个人有 6 种……第八个人只有 1 种。8×7×6×5×4×3×2×1=40320。

260. 8000 公里。车行驶时用 4 个轮胎，也就是 4 个轮胎各行了 12000 公里，共行了 48000 公里。如果 6 个轮胎均匀使用，即 48000/6=8000(公里)。

261. 用集合来表示便一目了然了(见下图)。

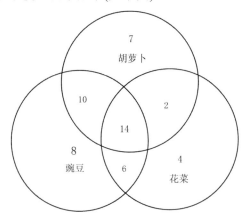

(1)14 位；(2)4 位；(3)18 位；(4)7 位；(5)8 位。

262. 小兔子跑完 1000 米所用的时间是 200 秒，在这个时间内，小鹿会跑 1200 米，所以小鹿要后退 200 米。

263. 一共有：$2^{30}-1=1073741823$(元)。

第 1 个股东分了：$2^{29}=536870912$(元)；

第 2 个股东分了：$2^{28}=268435456$(元)；

……

第 n 个股东分了：$2^{(30-n)}$ 元；

第 30 个股东分了：1 元。

264. 88 元。

商人找出 100-72=28(元)。60+28=88(元)。

265. 可以逃脱。

若是"飞毛腿"将船划向黑猫警长所在岸的对称方向，那么它要行进的距离为 R，黑猫警长要行进的距离为 3.14R，因为"飞毛腿"划船的速度是黑猫警长奔跑速度的四分之一，所以它在划到岸边之前黑猫警长就能赶到，这种方法行不通。

正确的方法是，"飞毛腿"把船划到略小于四分之一的圆半径的地方，比如说 0.24R，然后以湖的中心为圆心，作顺时针划行。在这种情况下，"飞毛腿"的角速度大于在岸上的黑猫警长能达到的最大角速度。这样划下去，它就可以在某一个时刻，处于离黑猫警长最远的地方，也就是和黑猫警长在一条直径上，并且在圆心的两边。然后"飞毛腿"把船向岸边划，这时，它离岸边的距离为 0.76R，而黑猫警长要跑的距离为 3.14R。由于 4×0.76R<3.14R，所以"飞毛腿"可以在黑猫警长赶到之前上岸，并用最快的速度逃脱。

266. 选 A。B>C，X<C，根据不等式的传导性，可得 B>X。

267. 3 个宝宝，4 根萝卜。

268. 王同学做了 13 道题，李同学做了 15 道题，张同学做了 12 道题。

269. 假设 5 枚硬币是 1 分的，剩下的 7 枚硬币的和应该是 3 角 1 分。$x+y=7$，$2x+5y=31$，没有整数解。

假设 5 枚硬币是 2 分的，剩下的 7 枚硬币的和应该是 2 角 6 分。$x+y=7$，$x+5y=26$，没有整数解。

假设 5 枚硬币是 5 分的，剩下的 7 枚硬币的和应该是 1 角 1 分。$x+y=7$，$x+2y=11$，解得 $x=3$，$y=4$。

所以这 5 枚硬币一定是 5 分的。

270. 72 岁。假设国王最终的年龄为 x 岁，根据说明很容易列出方程：$x=x/8+x/4+x/2+9$。解得：$x=72$。题目中的数字"4"和"12"是没有用的。

271. 以第一格涂红色为例，给出树形图如下。

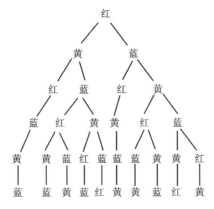

由此得出，不同的涂色方法共有 $N=C_3^1×10=30$(种)。

272. 由"猴子丙说'我和猴子丁共吃了 3 个桃'"这一条件可知，如果猴子丁吃了 1 个桃子的话，猴子丙无论吃了 1 个还是 2 个都不会说这句话，所以猴子丁吃了 2 个桃，说的是谎话。

由猴子丁说的两句谎话可以知道：猴子乙吃了 1 个桃，说的是真话；猴子丙剩下 3 个桃。

由猴子乙说的真话知道：猴子甲剩下 4 个桃。

原来四个猴子分别有 4, 5, 6, 7 个桃子，在每个猴子吃掉 1 个或 2 个后，剩下的桃子数还是各自不同，因为已经确定乙吃了 1 个，丁吃了 2 个，所以剩下的桃子数只有两种可能：2, 4, 5, 6 和 2, 3, 4, 6。

因为猴子丙剩下了 3 个桃子，所以排除"2, 4, 5, 6"，得到答案。

猴子甲最初有 6 个，吃了 2 个，剩下了 4 个；

猴子乙最初有 7 个，吃了 1 个，剩下了 6 个；

猴子丙最初有 5 个，吃了 2 个，剩下了 3 个；

猴子丁最初有 4 个，吃了 2 个，剩下了 2 个。

273. 15621 个。解答方法很多，下面是最容易理解的一种。

假设给这堆椰子增加 4 个，则每次刚好分完而没有剩余。

解：设椰子总数为 n-4，天亮后每人分到的个数为 a，则

$(1/5)×(4/5)×(4/5)×(4/5)×(4/5)×(4/5)×n=a$

$1024/15625×n=a$

因为 a 是整数，所以 n 最小为 15625。

n-4=15621。

还可以设最开始有 X 个椰子，天亮时每人分到 Y 个椰子，则可得：

$X=5A+1$

$4A=5B+1$

$4B=5C+1$

$4C=5D+1$

$4D=5E+1$

$4E=5Y+1$

化简以后得：$1024X=15635Y+11529$。

这是个不定方程，依照题目我们求最小正整数解。如果 X_1 是这个方程的解，则 X_1+15625(5^6=15625，因为椰子被连续 6 次分为 5 堆)也是该方程的解，那么用个取巧的方法来解，就是设 Y=-1，则 X=-4。如果最开始有-4 个椰子，那么大家可以算一下，无论分多少次，都是符合题意的。所以把-4 加上 15625 就是最小的正整数解了，答案是 15621 个。

274. 如果 10 个碗都是小明刷的，那么乘以 3 会得到 30。现在是 34，说明有 4

个数被乘以了 4，所以，小红刷了 4 个碗，小明刷了 6 个。

275．因为球的表面积为 $4\pi R^2$，一半就是 $2\pi R^2$。而圆的面积公式为 πr^2，$r=\sqrt{2}R$，也就是说，只要让纸上画的这个圆的半径是球半径的 $\sqrt{2}$ 倍即可。方法：把圆规的一条腿插在球上一点(想象为地球的"北极")，把另一条腿张到"赤道"上，保持圆规的角度不变，在白纸上画一个圆，就是所要的大小了。

276．一样大。以小圆的半径为 a，4 个小圆的面积为 $4\pi a^2$，大圆的面积为 $\pi(2a)^2$ 也是 $4\pi a^2$。

277．经过计算可以知道 $30^2+40^2=900+1600=2500=50^2$，由此可见，最大一块地的面积正好是另外两块地面积的和。所以，最简单的方法：将最大的一块地给一个农户，另外两块地给另一户。

278．假设有 1 升水，体积增加了 10 倍，就是变成了 11 升。所以这些水蒸气再变回水，会变成 11 升的十一分之一。

279．如果原价为 100%，先降价到 85%，然后再按降价后的 85%涨价 15%，就变成了 85%×(1+15%)=97.75%。比最开始低了。

280．不会，还是甲原料先到。因为 1 号皮带和 2 号皮带的速度之比为 10：9，当甲向前走了 110 米时，乙走 100 米，两原料需要的时间之比为(11/10)：(10/9)=99：100，所以还是甲原料先到。

281．每种 140 只。可以很容易地求出：如果每只黄尾金鱼 2 元，每只红尾金鱼 5 元，放在一起，平均每只是 3.5 元。但如果 20 元 7 只金鱼，那么平均每只为 20/7 元，每只金鱼损失了：3.5-20/7=9/14(元)。现在损失了 180 元，所以一共有 180÷9/14=280(只)，每种 140 只。

282．由于风速不变，因此，飞机在顺风时受到的推力，和在逆风时受到的阻力是一样的。这使人容易得出结论：飞机在有风但风速不变的情况下往返航程所需的时间，和无风时相比保持不变。

但这个结论是错误的。上述思考忽略了重要的一点，即飞机在顺风时飞完一半航程所需的时间比在逆风时飞完另一半航程所需的时间少。也就是说，在往返航程中，飞机有更多的时间是在逆风中航行，因此，飞机在有风但风速不大的情况下往返航程所需的时间，比无风时要更多。

解答思路为：设飞机的速度为 V，A、B 两地之间的路程为 S，风速为 a，则无风时飞机往返所需时间为 $2S/V$。

有风时飞机往返所需时间为 $S/(V+a)+S/(V-a)$

$S/(V+a)+S/(V-a)=[S(V-a)+S(V+a)]/(V+a)(V-a)=2VS/V^2-a^2\cdots\cdots①$

$2S/V=2VS/V^2\cdots\cdots②$

所以，只需比较 V^2-a^2 与 V^2 的大小。显而易见，$V^2>V^2-a^2$，分母越大，分数越小，所以无风时所用时间少于有风时所用时间。

283．设蜡烛点燃了 x 小时。粗蜡烛每小时减少 1/5，细蜡烛每小时减少 1/4。

根据题意可以列出方程：$4(1-x/4)=1-x/5$

解得：$x=15/4$

所以昨天停电的时间为 3 小时 45 分钟。

284. 原来 1 朵黄玫瑰 1/2 元，1 朵红玫瑰 1/3 元，1 朵蓝玫瑰 1/4 元，平均价格是每朵$(1/2+1/3+1/4)÷3=13/36$(元)。但是混合之后，平均每朵 1/3，每朵比以前少卖了 $13/36-1/3=1/36$(元)。72 朵花正好少了 2 元。

285. 因为有 5 种大小，每种大小有 3 张，所以有以下几种情况。

① 抽出的 3 张大小各不相同：$C(5,3)=10$(种)。

② 抽出的 3 张有两张相同：$P(5,2)=20$(种)。

③ 抽出的 3 张大小相同：$C(5,1)=5$(种)。

所以 3 张牌的大小组合共有 35 种可能。

286. 因为一共有 3 种花色，所以有以下几种情况。

四张牌同一种花色：$C(3,1)=3$(种)；

两张牌一种花色，另两张另一种花色：$C(3,2)=3$(种)；

一张牌一种花色，另三张另一种花色：$P(3,2)=6$(种)；

四张牌三种花色：$C(3,1)=3$(种)。

所以 4 张牌的花色组合共有 15 种可能。

第五章　问题答案

287. 设以前卖出价格为 x，降价为 a。

那么 $0.2x×(1+50\%)=(0.2-a)×2x$

则 $0.1x=2ax$

$a=0.05$ 元

288. 妈妈比华华大 26 岁，即两人年龄差为 26 岁。

设华华的年龄为 x，则妈妈的年龄是 $26+x$。

四年后，妈妈的年龄是华华的 3 倍，即：

$3(x+4)=(26+x)+4$

解得：$x=9$

也就是说，华华今年 9 岁，妈妈为 $(9+26=)35$ 岁。

289. 设泥土路长为 x 千米。

两段路所用时间共为 8 小时。

柏油路时间：$(420-x)÷60=7-(x÷60)$

泥土路时间：$x÷40$

$7-(x÷60)+(x÷40)=8$

有 $x÷120=1$

所以 x=120

泥土路长 120 千米。

290. 根据两人付同样多的钱买同一种铅笔和李军要了 13 支，张强要了 7 支，可知每人应该得(13+7)÷2 支，而李军要了 13 支比应得的多了 3 支，因此又给张强0.6 元钱，即可求每支铅笔的价钱。

解：0.6÷[13-(13+7)÷2]

=0.6÷[13-20÷2]

=0.6÷3

=0.2(元)

所以每支铅笔 0.2 元。

291. 设人速为 X，车速为 Y，每两辆车之间的距离为 S。

每 2 分钟迎面一辆车，则 S=(Y+X)×2(人车共走完 S)，此公式变形为：Y/S+X/S=0.5。

每 8 分钟后面一辆车，则 S=(Y-X)×8(速度之差)，此公式变形为：Y/S-X/S=0.125。

两式相加，2×Y/S=0.5+0.125=0.625

因此：Y/S=0.625/2=0.3125

S/Y=1/0.3125=3.2(距离/速度=时间)

所以每 3.2 分钟发一班车。

如果掌握了调和平均数的概念,这道题就简单了,就是求 2 和 8 的调和平均数：2/(1/2+1/8)=3.2。

292. 小红打算买的铅笔和本子总数与实际买的铅笔和本子总数是相等的，找回 0.45 元，说明(8-5)支铅笔当作(8-5)本练习本计算，相差 0.45 元。

由此可求练习本的单价比铅笔贵的钱数。从总钱数里去掉 8 个练习本比 8 支铅笔贵的钱数，剩余的则是(5+8)支铅笔的钱数。进而可求出每支铅笔的价钱。

解：每本练习本比每支铅笔贵的钱数为 0.45÷(8-5)=0.45÷3=0.15(元)

8 个练习本比 8 支铅笔贵的钱数为 0.15×8=1.2(元)

每支铅笔的价钱为(3.8-1.2)÷(5+8)=2.6÷13=0.2(元)

293. 由"小红给小华 5 本，两个人故事书的本数就相等"这一条件可知，小红比小华多(5×2)本书，用共有的 36 本去掉小红比小华多的本数，剩下的本数正好是小华本数的 2 倍。

解：小华有书的本数为(36-5×2)÷2=13(本)

小红有书的本数为 13+5×2=23(本)

原来小红有 23 本，小华有 13 本。

294. 由"2 张桌子和 5 把椅子的价钱相等"这一条件，可以推出 4 张桌子就相当于 10 把椅子的价钱，买 4 张桌子和 6 把椅子共用 640 元，也就相当于买 16 把椅子共用 640 元。

解：5×(4÷2)+6=16(把)

640÷16=40(元)

40×5÷2=100(元)

桌子和椅子的单价分别是 100 元和 40 元。

295. 根据题意，可以将题中的条件转化为平均分给 2 名同学、3 名同学、4 名同学、5 名同学都少一支，因此，求出 2、3、4、5 的最小公倍数再减去 1 就是要求的答案。

解：2、3、4、5 的最小公倍数是 60。

60-1=59(支)

这盒铅笔最少有 59 支。

296. 第 1 次运走 2/(2+7)=2/9。

64/(1-2/9-3/5)=360(吨)。

原仓库有 360 吨货物。

297. 设第 2 堆为 x 吨，则第 1 堆为 x+85 吨。

x+85-30=2×(x-30)

x=115(吨，第 2 堆)

x+85=115+85=200(吨，第 1 堆)

298. 第 20 分钟。因为 X 和 Y 都以相同的速度分裂，所以每 1 只 X 只要负责吃掉和自己一同分裂出来的 Y 即可。

299. 设小华有 x 本连环画。

4(x+2)=6x+2

x=3(本)

小明有(6x=)18 本连环画。

300. 根据甲、乙、丙村可灌溉的面积比算出总份数：8+7+5=20(份)

每份需要的人数：(60+40)÷20=5(人)

甲村需要的人数：8×5=40(人)，多出劳力人数为 60-40=20(人)

乙村需要的人数：7×5=35(人)，多出劳力人数为 40-35=5(人)

丙村需要的人数：5×5=25(人)或 20+5=25(人)

每人应得的钱数：1350÷25=54(元)

甲村应得的工钱：54×20=1080(元)

乙村应得的工钱：54×5=270(元)

301. 设搬运一个仓库的货物的工作量是 1。

现在相当于三人共同完成工作量 2，所需时间是 2÷(1/10+1/12+1/15)=8(小时)

甲 8 小时可以完成 8/10，还需要丙帮助搬运(1-8/10)÷1/15=3(小时)

乙 8 小时能完成 8/12，也需要丙帮助搬运(1-8/12)÷1/15=5(小时)

所以，丙要帮助甲搬运 3 小时，帮助乙搬运 5 小时。

302. 火车的速度是 100÷(20-15)×60×60=72000(米/小时)

车身长是 20×15=300(米)

303. 小明追上小芳，说明小明比小芳多跑了一圈，所以追上时小明比小芳多跑的距离就是池塘的周长，即 280×8-220×8=480(米)。

304. 由"只把宽增加 2 厘米，面积就增加 12 平方厘米"，可求出原来的长是 (12÷2=)6 厘米，同理原来的宽就是(8÷2=)4 厘米，求出长和宽，就能求出原来的面积。

解：(12÷2)×(8÷2)=24

这个长方形纸板原来的面积是 24 平方厘米。

305. 对于绳子上的 3 个相交处，共有 8 种可能的交错情况。其中只有两种能形成一个结，所以概率是 1/4。

306. 由"如果从甲桶倒入乙桶 18 千克，两桶油就一样重"可推出甲桶油的重量比乙桶多(18×2)千克，又知"甲桶油的重量是乙桶油的重量的 4 倍"，可知(18×2)千克正好是乙桶油重量的(4-1)倍。

解：18×2÷(4-1)=12(千克)

12×4=48(千克)

原来甲桶有油 48 千克，乙桶有油 12 千克。

307. 根据一辆客车比一辆卡车多载 10 人，可求 6 辆客车比 6 辆卡车多载的人数，即多用的(8-6)辆卡车所载的人数，进而可求每辆卡车载多少人和每辆大客车载多少人。

解：卡车的数量为

360÷[10×6÷(8-6)]

=360÷[10×6÷2]

=360÷30

=12(辆)

客车的数量：360÷[10×6÷(8-6)+10]

=360÷[30+10]

=360÷40

=9(辆)

所以可得用卡车 12 辆，大客车 9 辆。

308. 由已知条件可知，5 桶油共取出(15×5)千克。由于剩下油的重量正好等于原来 2 桶油的重量，可以推出(5-2)桶油的重量是(15×5)千克。

解：15×5÷(5-2)=25(千克)

原来每桶油重 25 千克。

309. 根据每个保温瓶的价钱是每个茶杯的 4 倍，可把 5 个保温瓶的价钱转化为 20 个茶杯的价钱。这样就可把 5 个保温瓶和 10 个茶杯共用的 90 元钱，看作 30 个茶杯共用的钱数。

解：每个茶杯的价钱为 90÷(4×5+10)=3(元)

每个保温瓶的价钱为 3×4=12(元)

每个保温瓶 12 元，每个茶杯 3 元。

310. 设带得少的农妇带了 x 个鸡蛋。因为她们两个一共带了 100 个鸡蛋，所以另一个则带了(100-x)个鸡蛋。

根据两个人的对话，我们可以列出如下算式：

带得少的农妇的单价为 18/(100-x)；

带得多的农妇的单价为 8/x。

又因为两个人最终卖了同样多的钱，所以可以得到如下等式：

18x/(100-x)=8(100-x)/x

解得：x=40

所以，一个农妇带了 40 个鸡蛋，另一个农妇带了 100-40=60(个)鸡蛋。

两个人的单价分别为：

18/(100-x)=18/60=0.3(元)

8/x=8/40=0.2(元)

311. 根据甲仓库的存粮吨数比乙仓库的 4 倍少 5 吨，可知甲仓库的存粮如果增加 5 吨，它的存粮吨数就是乙仓库的 4 倍，那样总存粮数也要增加 5 吨。

若把乙仓库存粮吨数看作 1 倍，总存粮吨数就是(4+1)倍，由此便可求出甲、乙两仓库存粮吨数。

解：乙仓库存粮为：

(32.5×2+5)÷(4+1)

=(65+5)÷5

=70÷5

=14(吨)

甲仓库存粮为：

14×4-5

=56-5

=51(吨)

所以甲仓库存粮为 51 吨，乙仓库存粮为 14 吨。

312. 每个水龙头每分钟的流速是：(4×150-4×90)/(150×5-90×8)=8

蓄水池原有的水是：5×8×150-600=5400 或者 8×8×90-360=5400

要多长时间才能把水放空：5400/(13×8-4)=54(分钟)

所以要 54 分钟才能把水放空。

313. 先由已知条件，求出这个数的大致范围。因为 50÷3=16……2，所以三个余数中至少有一个大于 16，推知除数大于 16。由三个余数之和是 50 可知，除数不应大于 70，所以除数为 17～70。

由题意知(70+110+160)-50=290，应能被这个数整除。将 290 分解质因数，得到 290=2×5×29，290 在 17～70 的约数有 29 和 58。

因为 110÷58=1……52>50，所以 58 不合题意。所求整数是 29。

314. 它们各有田地 10 块，种子 15 袋。

设它们各有田地 x 块，种子 y 袋。

因为兔子甲在每块田里撒了一袋种子；种完了所有的田地，还剩下 5 袋种子。可以列出方程：

$y=x+5$

又因为兔子乙在每块田里撒了三袋种子；兔子乙的种子用完了，还剩下 5 块田地没有种。可以列出方程：

$y=3(x-5)$

两个方程组成方程组。

解得：

$x=10$

$y=15$

所以两只兔子各有田地 10 块，种子 15 袋。

315. 将一只瓶子的瓶口朝下，让四只瓶子的瓶口成一个正四面体。

要解决这道题，关键要由平面想到立体，由一般的正着放想到倒着放。

316. 春游共用时：19:00-13:00=6(小时)

上山用时：6-2.5=3.5(小时)

上山多用：3.5-2.5=1(小时)

山路：(6-3)×1÷(3÷6)=6(千米)

下山用时：6÷6=1(小时)

平路：(2.5-1)×4=6(千米)

单程走路：6+6=12(千米)

往返共走路：12×2=24(千米)

答：他们共走 24 千米。

317. 设小春为 x 岁，则妈妈为 $x+27$ 岁，爷爷为 $(x+x+27)×2=4x+54$ 岁，爸爸为 $4x+54-38=4x+16$ 岁。

$x+x+27+4x+54+4x+16=147$

$x=5$

所以小春 5 岁，妈妈 32 岁，爷爷 74 岁，爸爸 36 岁。

318. 设船数为 x，则：

$(15x+9)/18=x-1$

$15x+9=18x-18$

$27=3x$

$x=9$

有 9 只船。

319. 设男会员是 $3N$，则女会员是 $2N$，总人数是 $5N$。

甲组有 $5N×10/[10+8+7]=2N$，其中，男会员 $2N×3/4=3N/2$，女会员 $2N×1/4=N/2$

乙组有 $5N×8/25=8N/5$，其中，男会员 $8N/5×5/8=N$，女会员 $8N/5×3/8=3N/5$

丙组有 $5N×7/25=7N/5$，其中，男会员 $3N-3N/2-N=N/2$，女会员 $2N-N/2-3N/5=9N/10$

那么丙组中男女之比是：$N/2：9N/10=5：9$

320. $(100+40)/2.8=50$(本)

$100/50=2$

$150/(2+0.5)=60$(本)

$60×4/5=48$(本)

$48×2.8+2.8×50×12-150=1.2$(元)

所以是赚了，盈利为 1.2 元。

321. 设一张电影票原价为 x 元。

$(x-3)×(1+1/2)=(1+1/5)x$

解得 $x=15$(元)

322. 教室的钟慢了 5 分钟。小明从家到学校一个来回用了 20 分钟，所以单程用 10 分钟。到家时家里的钟是 16 点 10 分，所以从学校出发的时候应该是 16 点钟。而学校的钟显示的是 15 点 55 分，所以慢了 5 分钟。

323. 设手机的本钱为 1。

因为他转手卖出，从中赚取 30% 的利润，那么卖给客户时的交易价格就应该是：

$1+1×30\%=1.3$

而他又以当时交易价格的 80% 回收了这部手机，所以回收的价格是：

$1.3×80\%=1.04$

小王先后的总支出只是手机三个月的使用权，而总收入是 $1.3-1.04=0.26$，所以他在整个交易中赚得利润的百分比为 26%。

324. 设 3 号篮子里有 x 个气球，那么 1 号篮子里就有 $2x$ 个气球，2 号篮子里就有 $3x$ 个气球。所以答案有三种可能：三个篮子的气球个数分别为 2、3、1 个；

或 4、6、2 个；或 6、9、3 个。

325. 根据甲队每天比乙队多修 10 米，可以这样考虑：如果把甲队修的 4 天看作和乙队 4 天修的同样多，那么总长度就减少 4 个 10 米，这时的长度相当于乙(4+5)天修的。由此可求出乙队每天修的米数，进而再求两队每天共修的米数。

解：乙每天修的米数为

(400-10×4)÷(4+5)

=(400-40)÷9

=360÷9

=40(米)

甲、乙两队每天共修的米数：40×2+10=80+10=90(米)

所以两队每天修 90 米。

326. 第三局结束后，两人钱数之和是 75 元，之差是 7 元，所以最后一个有 41 元，一个有 34 元。

由于只有 34 能被 2 整除，而杰瑞第三局输了，所以杰瑞的钱是 34 元。

因此第二局结束时，杰瑞的钱是 34/2×3=51(元)，杰克是 75-51=24(元)。

24 和 51 都能被 3 整除，所以无法判断谁赢了第二局。

假设杰瑞赢了第二局，则第一局结束时，杰瑞的钱是 51/3×4=68(元)，杰克是 75-68=7(元)。

由于只有 68 能被 4 整除，所以第一局也是杰瑞赢了，最开始杰瑞的钱是 68/4×5=85(元)，85 大于 75，所以假设错误，第二局是杰克赢了。

这样第一局结束时，杰克的钱是 24/3×4=32(元)，杰瑞是 75-32=43(元)。

由于只有 32 能被 4 整除，所以第一局也是杰克赢了，则最开始杰克的钱是 32/4×5=40(元)，而杰瑞是 70-40=35(元)。

327. 设甲做了 x 个，则乙做了(242-x)个。

$6x=5(242-x)$

$x=110$

242-110=132(个)

所以甲做了 110 个，乙做了 132 个。

328. 在每分钟走 50 米的到校时间内按两种速度走，相差的路程是(60×2)米，又知每秒相差(60-50)米，这就可求出小明按每分钟 50 米的速度到校时间。

解：60×2÷(60-50)=12(分钟)

50×12=600(米)

小明从家里到学校是 600 米。

329. 由每小时行 12 千米，5 小时到达可求出两地的路程，即返回时所行的路程。由去时 5 小时到达和返回时多用 1 小时，可求出返回时的平均速度。

解：12×5÷(5+1)=10

返回时平均每小时行 10 千米。

330. 设原有盐水 x 千克，则有盐 $40\%x$ 千克，所以根据关系列出方程：

$40\%x/(x+1)=30\%$

得出 $x=3$

再设需加入 y 千克盐，则有方程：

$(1.2+y)/(4+y)=50\%$

得出 $y=1.6$

所以需要加入 1.6 千克盐。

331. 设哈利·波特答错 x 道题，则答对 $2x$ 道题。

$20\times2x-6x=68$

$40x-6x=68$

$34x=68$

$x=2$

答对：$2\times2=4$(道)

共有：$4+2=6$(道)

332. 两个砝码放左边，右边放糖，平衡后把左边的砝码换成可使天平保持平衡的糖，左边应该是 1 千克。

333. 设小王做了 a 道，小李做了 b 道，小张做了 c 道。

由题意得：

$a/2=b/3=c/8$

$c-a=72$

解得 $a=24$，$b=36$，$c=96$，即小王做了 24 道，小李做了 36 道，小张做了 96 道。

334. 甲、乙两人先合作 6 天完成任务的 1/3，甲、乙两人工作效率和为 1/18；

乙、丙接着合作 2 天完成余下任务的 1/4，即 $2/3\times1/4=1/6$，则乙、丙两人工作效率和为 1/12；

三人合作还需要 5 天完成任务，$1-1/3-1/6=1/2$，三人工作效率和为 1/10。

乙工作效率：$1/18+1/12-1/10=7/180$；乙工作量：$7/180\times(6+2+5)=91/180$。

甲工作效率：$1/18-7/180=1/60$；甲工作量：$1/60\times(6+5)=11/60$。

丙工作效率：$1/12-7/180=2/45$；丙工作量：$2/45\times(2+5)=14/45$。

甲工钱：$1800\times11/60=330$(元)。

乙工钱：$1800\times91/180=910$(元)。

丙工钱：$1800\times14/45=560$(元)。

335. 这堆积木一共有 64 块。

336. 车头相齐，同时同方向行进，则快车长 $18\times12-10\times12=96$(米)

车尾相齐，同时同方向行进，则慢车长 $18\times9-10\times9=72$(米)

337. 设每个人可免费携带的重量为 x 千克，则：

$(150-3x)/4=(150-x)/8$

$x=30$

所以每人可免费携带行李的重量为 30 千克。

338. 设红笔买了 x 支。

$(5x+30×9)×(1-18\%)=5x×0.85+30×9×0.8$

$x=36$

他买了红钢笔 36 支。

339. 火车的速度是：$(440-310)÷(40-30)=13$(米/秒)

车身长是：$13×30-310=80$(米)

340. 积是 24 有两种情况：3、8；4、6。

商是 3 的只可能有三种情况：1、3；2、6；3、9。

综合起来只有一种情况可能：A 拿的两张牌是 1、9；B 为 4、5；C 为 3、8；D 为 6、2。剩下的那张牌是 7。

341. 用 2 除余 1 很好理解，只要是奇数即可。所以首先我们来看后三个条件，这个数用 5 除余 2，用 7 除余 3，用 9 除余 4，那么把这个数乘以 2 的话，它必定被 5 除余 4，用 7 除余 6，用 9 除余 8，也就是说，如果这个数加 1 正好可以除尽 5、7、9。而可以被 5、7、9 除尽的最小整数是 $5×7×9=315$。

那么这个数就应该是 $(315-1)/2=157$。

342. 甲、乙的路程是一样的，时间甲少 5 小时，设甲用 t 小时。

可以得到：

$12t=8(t+5)$

$t=10$

所以距离 $=10×12=120$(千米)。

343. 由已知得，其他 6 个小队共种了 $100-18=82$(棵)，为了找到种树最少的小队，故设其余 5 个小队应该越多种越好，有：$17+16+15+14+13=75$(棵)。因此，最少的小队最少要种 $82-75=7$(棵)。

344. 设队长年龄为 x。

根据题意列出方程：

$(70×7+x)/8+7=x$

解得：

$x=78$

所以队长年龄为 78 岁。

345. 用 4 升瓶里的果汁把 2.5 升瓶倒满；用 2.5 升瓶里的果汁把 1.5 升瓶倒满；把 1.5 升瓶里的果汁倒回 4 升瓶中；并把 2.5 升瓶中的 1 升果汁倒回 1.5 升瓶中；用 4 升瓶中的 3 升果汁把 2.5 升瓶倒满；然后用 2.5 升瓶中的果汁把 1.5 升瓶倒满；把 1.5 升瓶中的果汁倒回 4 升瓶中。这时，4 升瓶和 2.5 升瓶中的果汁都是 2 升的，正好平均分配。

346. 按这个规律排列的 100 个数，用长方形框出的两行数中，上面一排的三个数的和与下面一排的三个数的和相差 30，所以可以求出上面一排三个数的和为 (432-30)/2=201，又因为这三个数是按顺序排列的，所以这三个数分别是 66、67、68，而下一排的三个数是 76、77、78。所以这六个数中最小的数字是 66。

347. 由已知条件可知道，前后烧煤总数量相差(1500+1000)千克，是由每天相差(1500-1000)千克造成的，由此可求出原计划烧煤的天数，进而再求出这堆煤的数量。

解：原计划烧煤天数为

(1500+1000)÷(1500-1000)

=2500÷500

=5(天)

这堆煤的质量：1500×(5-1)

=1500×4

=6000(千克)

所以这堆煤有 6000 千克。

348. 1 元，阿聪没有钱。

列方程很容易：设一瓶可乐为 x 元，阿聪有$(x-1)$元，阿傻有$(x-0.01)$元。

$x-1+x-0.01<x$

且 $x-1\geqslant0$，$x-0.01\geqslant0$

解得 $1\leqslant x<1.01$，所以只有 $x=1$。

349. 由已知条件可知，桶里原有水的(5-2)倍正好是(22-10)千克，由此可求出桶里原有水的质量。

解：(22-10)÷(5-2)

=12÷3

=4(千克)

桶里原有水 4 千克。

350. 根据题意，33 米比 18 米长的米数正好是 3 根细钢管的长度，由此可求出一根细钢管的长度，然后求一根粗钢管的长度。

解：(33-18)÷(5-2)=5(米)

18-5×2=8(米)

一根粗钢管长 8 米，一根细钢管长 5 米。

351. 5 年前父亲的年龄是(45-5)岁，儿子的年龄是[(45-5)÷4]岁，再加上 5 就是今年儿子的年龄。

解：(45-5)÷4+5

=10+5

=15(岁)

今年儿子 15 岁。

352. 用去的钱数除以 3 就是 1 千克苹果和 1 千克梨的总钱数。从这个总钱数里去掉 1 千克苹果的钱数，就是每千克梨的钱数。

解：$(20-7.4)÷3-2.4$

$=12.6÷3-2.4$

$=4.2-2.4$

$=1.8(元)$

每千克梨 1.8 元。

353. 根据只把底增加 8 米，面积就增加 40 平方米，可求出原来平行四边形的高。根据只把高增加 5 米，面积就增加 40 平方米，可求出原来平行四边形的底。再用原来的底乘以原来的高就是要求的面积。

解：$(40÷5)×(40÷8)=40(平方米)$

平行四边形原来的面积是 40 平方米。

354. $70×53$ 最大；$30×75$ 最小。

355. 设摩托车的速度是 x 千米/小时，自行车的速度是 y 千米/小时。

$21y+8x=12x+9y$

$4x=12y$

$x=3y$

所以全骑摩托车共需 $12+9/3=15$(小时)。

356. 28 个偶数成 14 组，对称的 2 个数是一组，即最小数和最大数是一组，每组和为：$1988÷14=142$。最小数与最大数相差 $28-1=27$(个)公差，即相差 $2×27=54$，这样转化为和差问题，最大数为 $(142+54)÷2=98$。

357. 11 月份有 30 天。由题意可知，总厂人数每天在减少，最后为 240 人，且每天人数构成等差数列，由等差数列的性质可知，第一天和最后一天人数的总和相当于 $8070÷15=538$，也就是说，第一天有工人 $538-240=298$(人)，每天派出 $(298-240)÷(30-1)=2$(人)，所以全月共派出 $2×30=60$(人)。

358. 加 10 颗奶糖，巧克力糖占总糖数的 60%，说明此时奶糖占 40%，巧克力糖是奶糖的 $60/40=1.5$(倍)。

再增加 30 颗巧克力糖，巧克力糖占总数的 75%，奶糖占总数的 25%，巧克力糖是奶糖的 3 倍。

增加了 $3-1.5=1.5$(倍)，说明 30 颗占 1.5 倍，所以增加之后的奶糖=$30/1.5=20$(颗)。原有奶糖=$20-10=10$(颗)，巧克力糖=$1.5×20=30$(颗)。

359. $10.65×(1\%+2\%)=0.3195(元)$

$13.86×(1\%+2\%)=0.4158(元)$

$(13.86-10.65-0.3195-0.4158)×3000=7424.1(元)$

老王卖出这种股票一共赚了7424.1元。

360. 设低年级段分得 x 本书，则高年级段分得 $2x$ 本，中年级段分得 $(3x-120)$ 本。

$x+2x+3x-120=840$

$x=160$

低年级段分得图书160本。

高年级段为：160×2=320(本)。

中年级段为：160×3-120=360(本)。

361. 设 A 打了 x 头狼，则 B 打了 $(14-x)$ 头，C 打了 $(x+6)$ 头，D 打了 $(12-x)$ 头，E 打了 x 头。

B、C、D 三人打的狼的和为 $(32-x)$ 头，五人一共打的狼的总和为 $(x+32)$ 头。因为 A、E 相等，又经过联合分配，最后结果一样，说明 A、E 原来打的狼的头数就是平均数。

所以 $x=(32-x)/3$，解得 $x=8$。因此，A 打到 8 头狼，B 打到 6 头狼，C 打到 14 头狼，D 打到 4 头狼，E 打到 8 头狼。

362. 设甲校有 x 人参加，则乙校有 $(22-x)$ 人参加。

$0.2x=(22-x)×0.25-1$

$x=10$

乙校：22-10=12(人)

所以甲校有10人参加，乙校有12人参加。

363. 2 支蜡烛分别设为 A 蜡烛和 B 蜡烛，其中 A 蜡烛是那支烧得快点的。

A 蜡烛，2 小时烧完，那么每小时燃烧 1/2 根；B 蜡烛，3 小时烧完，那么每小时燃烧 1/3 根。

设过了 x 小时以后，B 蜡烛剩余的部分是 A 的 2 倍。

$2(1-x/2)=1-x/3$

解得 $x=1.5$

由于是 18 点 30 分开始的，所以到 20 点的时候刚好满足题设要求。

364. 当它们相遇的时候，兔子跑了全程的 1/6，而在兔子跑的这段时间内，乌龟跑了 17/24，也就是说，乌龟的速度是兔子速度的 17/4 倍。兔子还有 5/6 圈的路程要跑，而乌龟只有 1/6 圈，所以兔子的速度就必须至少是乌龟的 5 倍，也就是它自己原来速度的 85/4 倍才行。

365. 根据题意，甲种超过了 100 本，乙种不到 100 本，甲、乙花的总钱数比为 2：1，那么甲打折以前，和乙的总钱数比为：

(2÷0.9)：1=20：9

甲、乙册数比为 5：3

甲、乙单价比为(20÷5)：(9÷3)=4：3

优惠前，甲种书每本定价：1.5×4/3=2(元)

366. 设：甲厂申请贷款金额为 x 万元，乙厂申请贷款金额为 $(30-x)$ 万元。

列式：$12\%x+(30-x)\times14\%=4$

解得：$x=10$(万元)

367. 原来达标人数占总人数的 $3\div(3+5)=3/8$

现在达标人数占总人数的 $9/11\div(1+9/11)=9/20$

育才小学共有学生 $60\div(9/20-3/8)=800$(人)

368. 设需要增加 x 人。

则 $(40+x)(15-3)=40\times15$

解得：$x=10$

所以需要增加 10 人。

369. 甲、乙、丙 3 人 8 天完成 $5/6-1/3=1/2$

甲、乙、丙 3 人每天完成 $1/2\div8=1/16$

甲、乙、丙 3 人 4 天完成 $1/16\times4=1/4$

则甲做 1 天后乙做 2 天要做 $1/3-1/4=1/12$

那么乙 1 天做 $(1/12-1/72\times3)/2=1/48$

则丙 1 天做 $1/16-1/72-1/48=1/36$

则余下的由丙做要 $(1-5/6)\div1/36=6$(天)

还需要 6 天。

370. 取 40% 后，存款有 $9600\times(1-40\%)=5760$(元)

这时，乙有 $5760\div2+120=3000$(元)

乙原来有 $3000\div(1-40\%)=5000$(元)

371. 设父亲力量为 A，母亲力量为 B，儿子力量为 C，女儿力量为 D。

由题意可知：

$A<2C+3D$……①

$B>C+4D$……②

$A+C>B+3D$……③

求 $A+3D$ 与 $B+2C$ 的大小关系。

由②③可知，$A>7D$

代入①可得 $C>2D$

所以：

$B+2C>3C+4D>A+C+D>A+3D$

因此母亲方胜利。

372. 这题是"两列车"的追及问题。在这里，"追及"就是第一列车的车头追及第二列车的车尾，"离开"就是第一列车的车尾离开第二列车的车头。

设从第一列车追及第二列车到两列车离开需要 x 秒，列方程得：

$102+120+17x=20x$

x=74(秒)

373. 跑第一棒的有 4 种选择，跑第二棒的有 3 种选择，跑第三棒的有 2 种选择，跑第四棒的有 1 种选择，所以一共有(4×3×2×1=)24 种安排方法。

374. ① 如果从甲仓库搬 67 吨货物到乙仓库，那么甲仓库的货物正好是乙仓库的 2 倍。甲和乙总的(货物)数量没有变，总的数量包括 2+1=3(个)现在的乙，现在的乙是原来的乙加上 67 吨得来。所以总的(货物)数量就包括 3 个原来的乙和 3 个 67 吨[67×(2+1)=201]。

② 如果从甲仓库搬 17 吨货物到乙仓库，那么甲仓库的货物正好是乙仓库的 5 倍，理由同上，总的数量包括 5+1=6(个)原来的乙和 6 个 17[即 17×(5+1)=102]。

③ 从①和②可以看出，原来 3 个乙和原来 6 个乙只相差 3 个乙，而这 3 个乙正好相差 201-102=99(吨)。可求出原来的乙是 99÷3=33(吨)。

④ 再求原来的甲即可。甲仓库原有货物(33+67)×2+67=267(吨)。

375. 父、子年龄的差是(45-15)岁，当父亲的年龄是儿子年龄的 11 倍时，这个差正好是儿子年龄的(11-1)倍，由此可求出儿子多少岁时，父亲是儿子年龄的 11 倍。又知今年儿子 15 岁，两个岁数的差就是所求的问题。

解：(45-15)÷(11-1)=3(岁)

15-3=12(年)

12 年前父亲的年龄是儿子年龄的 11 倍。

376. 1 路和 2 路公共汽车下次同时发车时，所经过的时间必须既是 12 的倍数，又是 18 的倍数，也就是它们的最小公倍数。

解：12 和 18 的最小公倍数是 36。

6 时+36 分=6 时 36 分

下次同时发车时间是上午 6 时 36 分。

377. 根据题意，20 道题全部答对得 100 分，答错一道题将失去(5+3)分，而不答仅失去 5 分。小丽共失去(100-79)分。再根据(100-79)÷8=2(道)……5(分)，分析答对、答错和没答的题数。

解：(5×20-75)÷8=2(道)……5(分)

20-2-1=17(道)

答对 17 道题，答错 2 道题，有 1 道题没答。

378. 参加语文竞赛的 36 人中有参加数学竞赛的，同样参加数学竞赛的 38 人中也有参加语文竞赛的，如果把两者加起来，那么既参加语文竞赛又参加数学竞赛的人数就统计了 2 次，所以将参加语文竞赛的人数加上参加数学竞赛的人数再加上一科也没参加的人数减去全班人数就是双科都参加的人数。

解：36+38+5-59=20(人)

双科都参加的有 20 人。

379. 把一根木料锯成 3 段，只锯出了(3-1)个锯口，这样就可以求出锯出每个锯口所需要的时间，进一步即可求出锯成 5 段所需的时间。

解：9÷(3-1)×(5-1)=18(分钟)

锯成 5 段需要 18 分钟。

380. 已知一个加数个位上是 0，去掉 0，就与第二个加数相同，可知第一个加数是第二个加数的 10 倍，那么两个加数的和 572 就是第二个加数的(10+1)倍。

解：第一个加数为 572÷(10+1)=52

第二个加数为 52×10=520

这两个加数分别是 52 和 520。

381. 根据计划每天修 720 米，这样实际提前的长度是(720×3-1200)米。根据每天多修 80 米可求已修的天数，进而求出公路的全长。

解：已修的天数为

(720×3-1200)÷80

=960÷80

=12(天)

公路全长为(720+80)×12+1200

=800×12+1200

=9600+1200

=10800(米)

所以这条公路全长 10800 米。

382. 根据已知的两车的速度可求速度差，根据两车的速度差及快车比慢车多行的路程，可求出两车行驶的时间，进而求出甲、乙两地的路程。

解：(75+65)×[40÷(75-65)]

=140×[40÷10]

=140×4

=560(千米)

所以甲、乙两地相距 560 千米。

383. 设狗的速度为 v，马的速度为 V。

根据题意得：

$V : v=(5÷6)×(7÷4)$

解得：$V=35v/24$

设马追上狗的时间是 T。

$T=5.5÷(35v/24-v)$

$=12/v$

狗跑的距离为 S。

$S=v×T=12$(千米)。

所以狗跑 12 千米的距离，才能被马追上。

384. 根据已知两车上午 8 时从两站出发，14 点返回原车站，可求出两车所行驶的时间。根据两车的速度和行驶的时间可求出两车行驶的总路程。

解：往返用的时间：14-8=6(小时)

两地间路程：(40+45)×6÷2

=85×6÷2

=255(千米)

所以两地相距 255 千米。

385. 由已知条件可知，一张桌子价格比一把椅子多了 288 元，正好是一把椅子价钱的(10-1)倍，由此可求得一把椅子的价钱为[288÷(10-1)=]32 元。再根据椅子的价钱，就可求得一张桌子的价钱为(32×10=)320 元。

386. 开始最少有 25 个苹果。

解题方法是倒过来的。

因为每次分完 3 份之后都有人拿走 1 份，那么剩下的就是 2 份,总和必是偶数。

(1) 假定最后剩下的 2 份为 2 个,即每份 1 个,则在小李醒来时共有 1×3+1=4(个)苹果，在老张醒来时有 4/2×3+1=7(个)苹果，而 7 个苹果不能构成 2 份，与题意不符。

(2) 假定最后剩下的 2 份为 4 个,即每份 2 个,则在小李醒来时共有 2×3+1=7(个)苹果，而 7 个苹果不能构成 2 份，也与题意不符。

(3) 假定最后剩下的 2 份为 6 个，即每份 3 个，则在小李醒来时共有 3×3+1=10(个)苹果，在老张醒来时有 10/2×3+1=16(个)苹果，也就是说，大明分完拿走自己的苹果以后，剩下的 2 份苹果共有 16 个，即每份有 8 个苹果。

总数为 8×3+1=25。

所以一开始最少有 25 个苹果。

本题用的是测试法，当然还可以直接列方程，根据方程的解是自然数求出最小值。答案是一样的，即一开始最少有 25 个苹果。

387. 女工比男工少 35 人，男工、女工各调出 17 人后，女工仍比男工少 35 人。这时男工人数是女工人数的 2 倍，也就是说，少的 35 人是女工人数的(2-1)倍。这样就可求出现在女工多少人，然后再分别求出男工、女工原来各多少人。

解：35÷(2-1)=35(人)

女工原有：35+17=52(人)

男工原有：52+35=87(人)

答：原有男工 87 人，女工 52 人。

388. 由已知条件可知，16 千克和 9 千克的差正好是半桶油的重量。9 千克是半桶油和桶的重量，去掉半桶油的重量就是桶的重量。

解：9-(16-9)

=9-7

=2(千克)

桶重 2 千克。

第六章　问题答案

389. M。按照字母表的顺序，从字母 A 开始，顺时针方向，每两个字母之间均间隔三个字母。

390. B

分析：每行整体往右移动两格，右侧移动出去的图案从左侧出现。

391. D

分析：观察每一行三个小人"手""身体"和"脚"的变化情况，即可得出答案。

392. C

分析：如果把上下两幅图的图案分别比较一下就能看出一个简单的对应关系，小于号对应圆圈，方块对应三角形，斜线对应横线。这样即可知道答案是 C 选项。

393. A

分析：第一幅图的三个字母是小写—大写—小写，第二幅图的三个字母是大写—小写—大写。

394. C

分析：上下两幅图的三个字互相之间都有结构上的相似。

395. D

分析：上图三个图案的底下都有一条横线，下图三个图案的顶部也都有一条直线。

396. D

分析：上图都由五个小正方形组成，下图都由六个小正方形组成。

397. A

分析：上下两幅图对比一下，第一个、第二个图案都是黑白两色的。第三个图案应该都是白色的。只有 A 满足这个规律。

398. A

分析：该题需要一定的立体几何学知识。从上图可以看出，第二个图案的体积是第一个图案的一半，而第三个图案的体积是第一个图案的三分之一。选项中只有 A 选项的体积是下图第一个图案的三分之一。

399. A

分析：上下两图的各个图形中，两块阴影部分的面积都是相等的。

400. C

分析：把前两个图案重叠后，去掉重复的线段就得到了第三个图案。

401. D

分析：把三个图案重叠起来，阴影部分正好完整覆盖住整个图形。

402. F

分析：图为深度不同的柱状图，每种颜色的不同高度的柱分别有三个(比如黑色的一格的柱有三个，黑色的两格的柱有三个，黑色的三格的柱也应该有三个)，而且每行中，柱状图的方向分别为正、左、右各有一个。

403. B

分析：每行的变化规律为将每个方块向右移一格(移出界的放下一行第一列；第三行的最后一个放第一行第一格)，然后叉变圆，圆变三角，三角变叉。

换行的时候(第三幅图变第四幅图和第六幅图变第七幅图时)直接将图形顺时针旋转 90°。

404. A

分析：图形逆时针旋转。

405. D

分析：把里边和外边的阴影分开观察，可以看出里边的阴影逆时针旋转，外边的阴影顺时针旋转。

406. C

分析：第一、第二两幅图重叠起来就是第三幅图。

407. C

分析：把第一、第二两幅图重叠起来，重复的阴影部分去掉，这样留下的图就是第三幅了。

408. B

分析：把第一、第二两幅图重叠起来，去掉重复的部分，就是第三个图案。

409. C

分析：第一、第二两幅图叠起来就变成了第三幅图。

410. B

分析：上下两图中直线和图形的交点数量都呈现递减的规律。

411. A

分析：把下图每一层的图案类比到上图就可以看出规律了。

412. C

分析：上图图案的边数分别是 3、4、5，下图则分别是 4、5、6，都是等差数列。

413. B

分析：每个图案都是由三条直线段或折线段组成的。

414. C

分析：第一行图形中三个图形的笔画分别为 1、2、3 画，且方向相同。

选项中只有 C 满足这个规律。

415. A

分析：把上图三角形的斜边变成圆弧，就成了下图。

416. D

分析：每一行的第一个图形顺时针旋转 90° 后，去掉第二个图形的部分，剩下的为第三个图形。

417. C

分析：上图的三个图案都是由一段折线和一段弧线组成的，而且折线的段数依次增加；下图的三个图案都是由一个圆和一个多边形组成的，而且多边形的边数逐渐增加。

418. D

分析：把每一行前两个图案重叠起来，删掉重复的线段，就得到了第三个图案。

419. D

分析：上图的三个图案都是轴对称的，下图的三个图案都是中心对称的。

420. A

分析：只有 A 图形里外面没有钝角。

421. C

分析：通过上下两图的三个图案一一对比可以发现，把上图的曲线换成直线，直线换成曲线，就变成了下图。圆可以看作由三个圆弧组成的。

422. B

分析：上下两图都是逐渐变化的。

423. D

分析：上下两图一一对应，把上图中的一些直线变成弧线(可能改变方向)，就变成了下图。

424. D

分析：上图的三个图案中，直线段和弧线段只有一个交点；下图的三个图案中则都有两个交点。

425. D

分析：上图三个图案的笔画数分别是 4、3、2 画，下图三个图案的笔画数分别是 5、3、1 画，都是等差数列。

426. C

分析：上图三个图案的角数分别是 4、8、16，下图的边数则是 1、2、4，都是等比数列。

427. D

分析：上边各图中图案的数量分别是 2、4、8，是个等比数列；下边各图中图案的数量则是 1、3、9 的等比数列。

428. B

分析：圆圈的数量逐渐增加，方框的数量逐渐减少。

429. B

分析：把上图第一个图案的梯形看成是由左右两个直角梯形组成的，这两个小梯形相向运动重合再分开就分别形成第二、第三两个图形；把下图的第一个图案也如此分开，就能得出答案。

430. D

分析：把第一、第二两幅图重叠起来，图形外边的轮廓就是第三幅图。

431. A

分析：把第一、第二两幅图重叠起来就变成了第三幅图。

432. B

分析：把前两个图案重叠在一起就得到了第三个图案。

433. D

分析：第一个图形减去第二个图形就得到了第三个图形。

434. B

分析：把上图每个图案中原本在外面的图形放到里面，再把图案的顺序颠倒一下，就变成了下图。

435. A

分析：每个图案由头发、脸、眼睛、嘴巴四个元素组成。分别比较下图和上图中的这四个元素，发现下图的第三个图案只能是 A 选项。

436. A

分析：上下两幅图都由四个元素构成，选项中只有 A 项满足。

437. B

分析：上图是从图一开始逐渐按顺时针方向旋转得出图二、图三；下图规律相同。

438. B

分析：阴影部分按逆时针方向扩散。

439. D

分析：上下两幅图都是在按顺时针方向旋转。

440. D

分析：通过上下两幅图的三个图案一一对比可以发现，下图的图案都含有上图的构成元素。

441. C

分析：上下两幅图中，第二个图案的三条线段分别和第一个图案(三角形)的三条边垂直，第三个图案的三条线段分别和第一个图案(三角形)的三条边平行。

442. A

分析：上图的规律是把一幅图案外侧的多边形缩小到图案的最里边得到下一幅

图案(原来在内部的图案有可能放大)。按照这个规律，下图的第三幅图案应该是 A
选项。

443. B

分析：上下两幅图中都有长方形、平行四边形、三角形；第一个图案的圆在外
面，第二个图案中没有圆，第三个图案的圆在里面。

444. C

分析：观察下图的前两个图案可以发现，外侧的两个多边形是同方向的，最里
边的多边形则旋转了一个角度。选项里只有 C 符合这个规律。

445. A

分析：粗略看好像没什么规律，仔细观察可以发现，上图的三个字都含有"土"；
下图的三个字都含有"又"。

446. B

分析：上图三个字的笔画数分别是 4、5、6 画，下图三个字的笔画数分别是 2、
3、4 画，都是等差数列。

447. B

分析：黑色圆圈依次增加，白色圆圈依次减少且按顺时针方向旋转。

448. B

分析：上图三个图形的内角数分别是 6、7、8；下图前两个图形的内角数分别
是 9、10，只有 B 选项的内角数是 11 个。

449. A

分析：数一下每幅图中图案的类型数量可以发现，上图是 2、4、6，下图是 1、
3、5。

450. C

分析：从图形的形状上看不出什么明显的规律，观察图形外侧线的位置，上图
的直线位置分别是左、下、右，下图的折线位置是左上、上、右上。

451. A

分析：小方块按逆时针方向旋转。

第七章　　问题答案

452.　如下图所示。

有的时候在内部无法解决问题，延伸出去就很简单了。

453. 一旦获得一个有用的灵感之后，它就可以推广。

如果你已经解决了 9 个点的问题，那么更多点的问题的答案就容易得到了。

就本题而言，需要用 5 条直线，如下图所示。

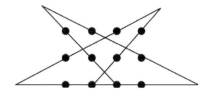

454. 从中间的第一块开始，假设涂成某一种颜色，则第二块有 3 种选择。

结合分步计数原理给出树形图如下。

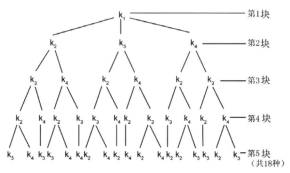

由此得出着色方法共有 $N=4×18=72$(种)。

455. 如下图所示。

456. 至少及格人数为 62 人。

第 1 题做错的有 20 人；第 2 题做错的有 28 人；第 3 题做错的有 16 人；第 4 题做错的有 12 人；第 5 题做错的有 44 人。

因第 4 题做错而不及格的最多为 12 人(人最少)，要不及格至少还要做错另外两道，另外两道做错分别讨论如下。

① 先取错得最多的第 5 题，44-12=32，剩下还是错得最多的(第 1 题做错的有 20 人，第 2 题做错的有 28 人，第 3 题做错的有 16 人)。

② 余下的一道错题的 12 人次在第 1、2、3 题中选，要尽量均匀，第 2 题做错的选 8 人次，(剩下的第 1 题做错的有 20 人，第 2 题做错的有 20 人，第 3 题做

错的有 16 人)剩下 4 人次，选 2 人次第 1 题(做错)，选 2 人次第 2 题(做错)，结果剩下：第 1 题做错的 18 人，第 2 题做错的 18 人，第 3 题做错的 16 人，第 5 题做错的 32 人。

同样使用上述方法：因第 3 题做错而不及格最多 16 人(人最少)，先取错得最多的第 5 题[剩 32-16=16(人)]，再取第 1 题做错的 8 人(剩 10 人)，第 2 题做错的 8 人(剩 10 人)。结果剩下：第 1 题做错的 10 人，第 2 题做错的 10 人，第 5 题做错的 16 人。

同样使用上述方法：因第 1 题做错而不及格最多 10 人(人最少)，先取错得最多的第 5 题剩 16-10=6(人)，再取第 2 题做错的 10 人。结果剩下：第 5 题做错的 6 人。

所以最后最多不及格人数为 12+16+10=38(人)，即至少及格人数为 100-38=62(人)。

还有一种解法：

假设做对一题得 20 分，满分为 100 分，60 分为及格。

由题意得出 100 人的总分为：(80+72+84+88+56)×20=7600(分)。

7600 分给 100 个人要使不及格人数最多的分配方案：

先每人分得 40 分，消耗了 40×100=4000(分)，还余下 3600 分要集中分配给尽可能少的人。

因为有 56 人可能得 100 分，则就给这 56 人补足 100 分，还余下(3600-56×60=)240 分可以分给 6 人每人 40 分，这样这 100 人中，56 人得 100 分，6 人得 80 分，其余 38 人得 40 分，即至少有(56+6=)62 人及格。

457. 将这 23 枚硬币分为两堆，一堆 10 个，另一堆 13 个，然后将 10 个的那一堆所有的硬币都翻过来就可以了。其实就是取了个补数。

458. 首先把商的几位设为 ab7cd，除数设为 UVWX7Y。

很显然，从商第 3 位(7)与除数相乘仍为六位数可以发现，U=1。同理，也可以知道几个积为七位数的，积的第一位必然是 1。另外，a 和 d 小于或等于 7，b 和 c 都大于 7。就这样一步步将可以确定的数字填写进去，逐步推理。最终结果为：除数为 125473，被除数为 7375428413，商为 58781。

459. 只有第 3、5、7 个图形可以组成立方体。

460. 把 BC 连起来，很明显可以看出角 ABO 小于角 ACO，所以角 ACB 大于角 ABC，AB 大于 AC。

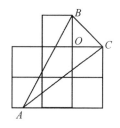

461. 因为总和算式中的数字不能重复，而且必须在 1～9 中，所以总和为 3 的两个数字只有一种可能，即 1+2；总和为 4 的两个数字也只有一种可能，即 1+3。另外，16=7+9，17=8+9；6=1+2+3，7=1+2+4，23=6+8+9，24=7+8+9；10=1+2+3+4，11=1+2+3+5，29=5+7+8+9，30=6+7+8+9……所以题目中的数字"3"和"4"就成了解题的突破点。运用假设法并结合方程组进行计算，即可得到答案。

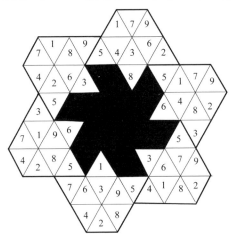

462. 先看最上面那个粗线围起来的区域，里面的数字应该为 1～9 九个数字，而 (3, 6) 为"5"，则 (2, 5) 一定是"5"，所以 (3, 5) 就只能是"8"了，空的两个应该是"6"和"9"。再看从数字"7"到"3"那条直线，"6"和"9"确定了，(4, 4) 应该为"4"，(4, 5) 应该为"8"……就这样一步步推理即可得出答案，如下图所示。

463. 为了方便叙述，我们用 (a, b) 表示第 a 行第 b 列这个方格。

首先看右上角的四个格，相乘为 6，则必为 1×1×2×3，所以 (1, 5) 必为"1"。再看左下角的三个格，和为 8，则必为 1+2+5。这样 (6, 4) 与 (6, 5) 只能是"3"与"6"了，则可推出 (6, 6) 为"4"，(5, 6) 为"5"，(4, 6) 为"6"，(4, 5) 为"5"……这样推算下去，即可推出答案，如下图所示。

11+ 5	2/ 6	3	20× 4	6× 1	2
6	3- 1	4	5	3/ 2	3
240× 4	5	6× 2	3	6	1
3	4	6× 1	7+ 2	30× 5	6
6× 2	3	6	1	4	9+ 5
8+ 1	2	5	2/ 6	3	4

464. 第三个图是正确的。

原图有 7 个立方体排列在平面上,请注意它们排列的相对位置(如图中深色的 7 个小立方体),只有第三个图是相同的。

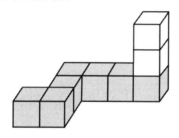

465. 仔细观察下图中的"蜂窝"可以发现,每一个空格都是被它所连接的两个灰色块共用的,所以可以通过观察相邻灰色块周围已有的数字,来筛选出这两个灰色块之间的空格里能填的数字,这就是解这道题的关键技巧。

比如,中间最左边灰色块的周围已经有"1""3""4"了,而右边那个灰色块的周围已经有了"2""5",所以这两个灰色块之间的空格只能填"6"。

新填的"6"又能帮我们确定它左下方的空格里是"5",这是个不断循环的过程,最终把整道题完成。

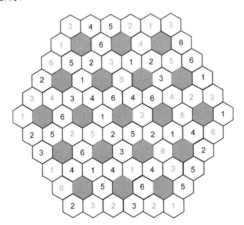

466. 为了方便叙述，我们用(*a*, *b*)表示第 *a* 行第 *b* 列这个方格。

先看右下角的数字"3"，它只能与它上面的"3"连起来构成一个数块，否则就会违反第三条规则；再看左下角的数字"4"，它右面的两个格应该都是"4"，否则位置不够；那样(7,4)位置的数字"3"只能与(7,5)、(6,5)构成一个数块；这样(5,5)和(5,6)就应该都是"4"……就这样依次推理下去，即可解出整个答案。

6	6	6	2	2	3	2
3	3	6	6	6	3	2
3	2	3	3	1	3	1
1	2	3	5	4	2	2
2	5	5	5	4	4	3
2	5	4	1	3	4	3
4	4	4	3	3	1	3

467. 三面有油漆的：8 个(8 个角)。

两面有油漆的：12 个(12 条棱)。

一面有油漆的：6 个(6 个面)。

没有油漆的：1 个(中心)。

468. 为了方便叙述，我们用(*a*, *b*)表示第 *a* 行第 *b* 列所填的数字。

只要找好各数字之间的关联就可以了。比如，因为(4,4)是"2"，所以右上角六边形里的"2"只能在(2,6)。同理可以确定(3,5)为"3"，(3,6)为"6"。

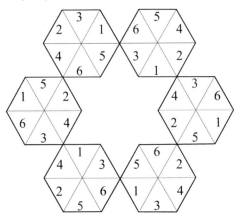

469. 方法有很多种，下面只是其中的三种。

(1) 1×2+3×4+5×6+7+8-9=50

(2) 1+2+(3+4)×5+6+7+8-9=50

(3) 123-4×5×6+7×8-9=50

大家可以自己试试，找出更多的方法。

470. 可能的填法有：

154+782=936；

216+738=954；

218+439=657；

243+675=918；

317+628=945。

类似的方法还有一些，大家可以自己琢磨、补充。

471. 176×9+84×5+3+2=2009

176×9+84×5+3×2=2010

472. 切割方法如下图所示。

473.

(5)+(4)=(9)

(8)−(1)=(7)

(2)×(3)=(6)

474.

(1) 720。相邻两个数的商分别为 2, 3, 4, 5, 6。

(2) 40。奇数项为公差为 5 的等差数列，偶数项为公差为 4 的等差数列。

(3) 32。每两项之积为后一项。

(4) 5。奇数项为 1, 3, 5, 7, …偶数项为 10, 5, 0, −5, …

(5) 8。奇数项之差为一个 3, 7, 3, 7, 3, 7, …数列。偶数项之差为一个 7, 3, 7, 3, 7, 3, …数列。

475. 如果两个数都加上 2，那么它们的差不变；如果两个数都减去 1，那么它们的差也不变。

如果一个数加上 2，一个数减去 1，那么它们的差增大或减小 3。所以，不管怎样，它们的差增大或减小 3 的倍数。也就是说，不管怎么操作，这两个数的差除以 3 的余数是不变的。

21 与 7 的差除以 3 的余数为 2；21 与 8 的差除以 3 的余数为 1；7 与 8 的差除以 3 的余数为 1。

(1) 三个数都变成 12，那么它们的差除以 3 的余数都是 0，显然与开始给出的三个数之间差的余数有变化，所以不满足。

(2) 三个数变成 23，15，19，它们之间差除以 3 的余数依次为：23 与 15 的差除以 3 的余数为 2；23 与 19 的差除以 3 的余数为 1；15 与 19 的差除以 3 的余数为 1。也就是说，与开始给出的三个数之间差的余数没变化，所以满足。

476. 不能，因为备选的 9 个数都是奇数，奇数个奇数相加不可能得到偶数。

477. 两周。

大家可以亲身实践一下，再想想是为什么。

478. 从规律看出：这是一个等差数列，且首项是 2，公差是 3，这样第 1995 项=2+3×(1995-1)=5984。

479. 先找出规律：每个式子由两个数相加，第一个数是 1、2、3、4 的循环，第二个数是从 1 开始的连续奇数。因为 1992 是偶数，两个加数中第二个一定是奇数，所以第一个必为奇数，即为 1 或 3。如果是 1，那么第二个数为 1992-1=1991，1991 是第(1991+1)÷2=996 项，而偶数项的算式结果始终是奇数，两者不符。所以这个算式是 3+1989=1992，是第(1989+1)÷2=995(个)算式。

480. 已知第一个这样的数为 5，注意在第一个数列中，公差为 3，第二个数列中公差为 4，也就是说，第二个对数减 5 既是 3 的倍数又是 4 的倍数，这样所求就转换为求以 5 为首项，公差为 12 的等差数的项数，5、17、29、…由于第一个数列最大为 2+(200-1)×3=599；第二个数列最大为 5+(200-1)×4=801。新数列最大不能超过 599，又因为 5+12×49=593，5+12×50=605，所以共有 50 对。

481. 为了方便叙述，我们用 (a, b) 表示第 a 行第 b 列这个方格。

因为必须划分成小正方形或小长方形，所以 $(1, 10)$ 的 "9" 只能是一个 3 格×3 格的正方形，然后能确定 $(1, 5)$ 的 "8" 和 $(3, 7)$ 的 "5" 的形状，这样依次推理，可以逐步得到正确的答案。

482. 为了方便叙述，我们用(*a*, *b*)表示第 *a* 行第 *b* 列这个方格。

突破口在第 10 列，根据上侧标的"3、3、9、1"试探性地往下涂黑，会发现即使连续黑色块之间只留一个空格，到最后也只能剩下一个空格。这说明(2, 10)、(3, 10)、(6, 10)、(7, 10)等格子必然是涂黑的。有了这些已知是黑色的格子，再结合左侧的数字，很快就能把所有黑色格子涂出来了。

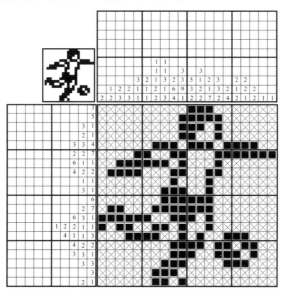

483. 为了方便叙述，我们用(*a*, *b*)表示第 *a* 行第 *b* 列这个方格。

首先根据题目所说的角上的 4 个十字区域内的数字位置相同，可以知道大部分白色区域的数字。将可以填上的数字填上，然后看第十行，因为(3, 11)、(4, 10)、(6, 12)都是"7"，所以(10, 12)也一定是"7"，根据对称，(10, 2)也是"7"……就这样一直推下去，就会得到最终答案。

484. 按照要求用逐个排除法，最后剩下的数字就是填在里面的数字了。例如，我们首先看最外侧的一环，已经有了"1、2、3、4"，最下边的扇形中已经有了"3、8"，最右下角的粗线区域里又有了"6"，所以最下方的空格应该是"7"。按照这种方法逐个填入数字，就可以得出最终答案了。

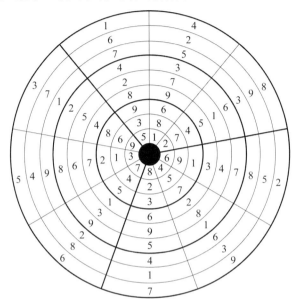

485. 为了方便叙述，我们用(a, b)表示第 a 行第 b 列这个方格。

观察第二列，已经显示了一段的几个格子都不可能是"1"，所以先假设$(3, 2)$为"1"，这样$(4, 6)$也为"1"，$(4, 3)$为"4"，逐步推理下去会矛盾，说明先前的假设是错误的，即应该是$(6, 2)$为"1"。这样$(5, 5)$也为"1"，观察右上角的六宫格知道，$(2, 5)$只能是"1"或者"4"，而已经有$(5, 5)$是"1"了，所以$(2, 5)$为"4"，$(2, 4)$为"1"。按照这样的方法，逐步推理下去，即可得到正确答案。

486. 为了方便叙述，我们用(a, b)表示第a行第b列这个方格。

因为(1, 2)、(3, 6)和(4, 2)标出的数字和箭头，所以(1, 1)、(3, 7)和(4, 1)是黑色块。再根据黑色块不能连续的规则，和(4, 4)标出的数字箭头，可以确认(5, 4)和(7, 4)是黑色块。这样很快就能把整条折线画出来了。

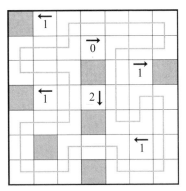

487. 先看两个数字"3"，不管它们之间如何相连，数字"4"之间的连线一定会经过(7, 7)；而两个数字"5"之间就只能直接相连了，这时，数字"3"只能从"5"的左边绕过去……再结合条件中的两条规则，即可推出答案。

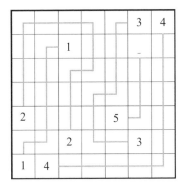

488. 为了方便叙述，我们用(a, b)表示第a行第b列这个方格。

突破点有以下几个。

① 数字"1"的上、下、左、右必涂黑。

② 两个数字之间只有一格的，这个格必涂黑。

③ 两个数字呈对角的，另外的对角两个格必涂黑。

首先将满足这三个条件的格子涂黑，然后根据其他条件判断其他格子是否涂黑。比如，因为不能有黑色格子形成的"广场"，所以(9, 2)和(9, 10)必须是白色的，那么(8, 9)、(9, 9)和(10, 10)必须涂黑。

这样一直推导下去就可以得到正确答案了。

489. 为了方便叙述，我们用 (a, b) 表示第 a 行第 b 列这个方格。

因为整个图形横纵都是 7 个格子，所以 $(5, 3)$ 的"13"说明整个第 5 行和第 3 列都是白色格子。以此为突破口，逐步推理即可得出答案。

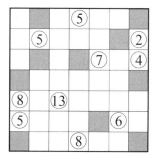

490. 为了方便叙述，我们用 (a, b) 表示第 a 行第 b 列这个方格。

这个游戏比较简单，$(1, 5)$、$(5, 5)$ 这样在角落的白点说明它们的势力范围只有这一格，而像左上角那个白点的势力范围必须是四个格子组成的正方形。

最后黑点势力范围形成的是数字"4"的轮廓。

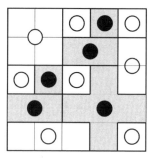

491. 为了方便叙述，我们用 (a, b) 表示第 a 行第 b 列这个方格。

首先看 $(7, 2)$ 的那个孤立的"1"，它本身一定涂黑，所以它周围的四个格子必须都是白的；带"0"的两个格子也都是白的；再看左上角的四个方格，要涂黑两块，则一定是 $(1, 1)$ 和 $(2, 2)$，否则就会出现有白格孤立的情况；中间的数字"5"，也只有一种可能，即四个角和中心的格子涂黑……要注意的是第四条规则，它会对格子是否涂黑有很多限制，答案见下图。

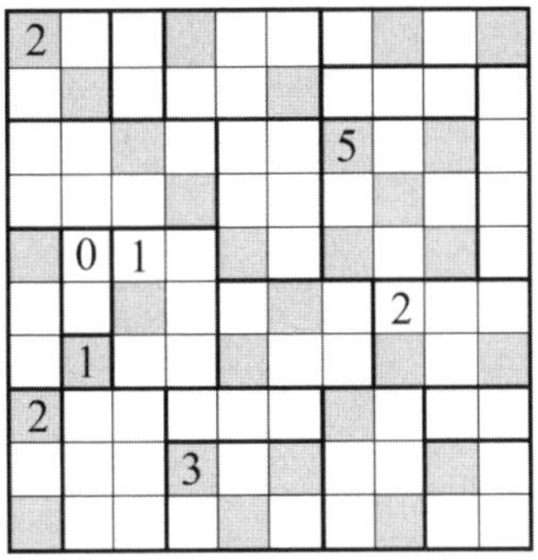

492. 先从可以确定的组合入手，例如 11、33、44 组合只有一个，所以它们一定是一组的；这样，02 和 04 组合也可以确定了，然后是 01 和 03……其中有一些被隔开的数字一定与它旁边的数字组成一组，就这样依次推理下去，即可得到正确的答案(见下图)。

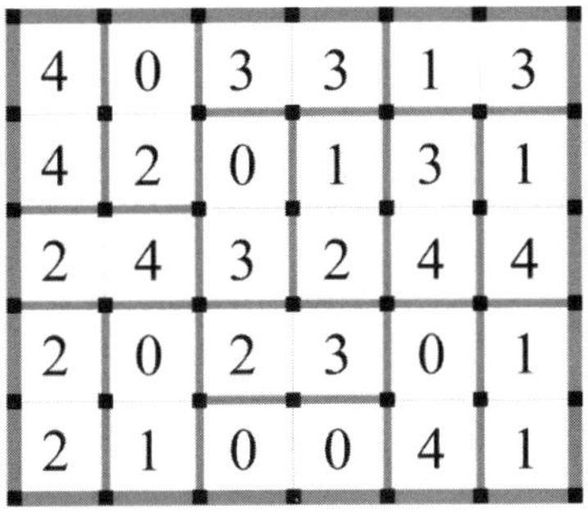

493. 为了方便叙述，我们用(a, b)表示第 a 行第 b 列这个方格。

仔细观察，我们就可以看出，$(1, 3)$、$(3, 6)$和$(6, 1)$只能是"6"，$(4, 4)$则只能是"1"。再根据每行、每列，以及每个小区域内的数字不能重复，即可逐步推理出来。

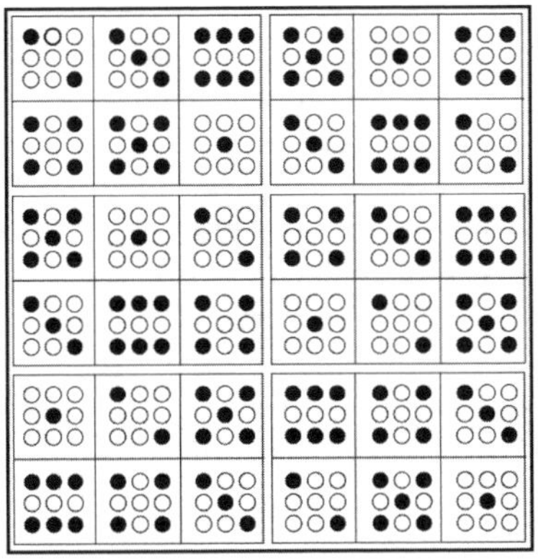

494. 为了方便叙述，我们用(a, b)表示第 a 行第 b 列这个方格。

因为每个粗线框里要涂黑四个格子，而(2, 3)和(5, 5)所在的两个区域都只有四个空格，所以都要涂黑。因为黑色方格不能形成一个 2×2 的大正方形，所以(2, 2)必须为白色，那么(1, 1)到(1, 4)的四个格子就都要涂黑了。这样逐步推理下去，就能得到正确答案了(见下图)。

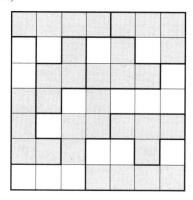

495. 为了方便叙述，我们用(a, b)表示第 a 行第 b 列这个方格。

可以先把每行、每列里有重复的数字用不同的记号标注出来，方便观察。

因为涂黑的方格不能相连，所以从标记最密集的(3, 6)处开始入手。试着把(3, 6)涂黑，则(2, 6)、(3, 5)和(4, 6)不能涂黑，这样(2, 2)、(3, 1)、(8, 5)和(4, 5)必须涂黑，新涂黑的这四个方格又能继续确定下一批必须涂黑的方格。

这样依次推理下去，最后会出现违反规则的方格，这说明一开始试着涂黑的(3, 6)应该是白色的，即应该是(3, 4)涂黑。再按照相同的思路逐步推理，即可解出，答案如下图所示。

	8		6	3	2		7
3	6	7	2	1		5	4
	3	4		2	8	6	1
4	1		5	7		3	
7		3		8	5	1	2
	5	6	7		1	8	
6		2	3	5	4	7	8
8	7	1	4		3		6

496. 新门牌号码是 8712。假设新门牌号码是 abcd，则旧门牌号码是 dcba，且 dcba×4=abcd(a、b、c、d 均为 1~9 中的数)。

因为 dcba×4=abcd，所以 d 一定是偶数，且 d 不能大于 2，否则 4 倍就会变成五位数。

所以可以得出 d=2，而 a 只能等于 8。

而 c×4 也一定小于 10，可以推出 c 为 1 或者 2。又因为 4b+3 的个位不可能为 2，所以 c=1，而 b=7。

所以新门牌号码是 8712。

497. 题目中下图左上角的数字"4"只能与两个方向连线，所以一定与右边的"4"和下边的"5"分别有两条连线；中间的数字"8"一定与四个方向分别有两条连线，这样"5"只能与下面的"2"有一条连线，而"2"也一定与右边的"4"有一条连线……如此推理下去，即可得到最后的答案(见下图)。

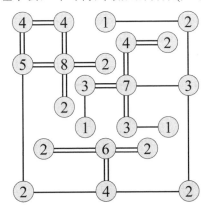

498. 首先将边上的白色圆圈用直线穿过，端点暂时为两端两个空格的中心；边上的黑色圆圈用垂直于边的直线穿过一个空格；角上的黑色圆圈则分别向两个方向画两条通过一个方格的直线，这是推理下一步的基础。因为白色圆圈的前一格或者后一格必须至少有一个转弯，所以如果有白色圆圈的某一个格无法转弯，另一个格则必须转弯。最后再根据所有折线必须连成一个闭合曲线，即完成所有推理，如下图所示。

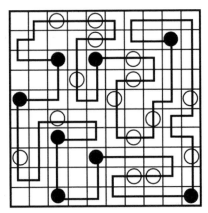

499. 答案如下图所示。

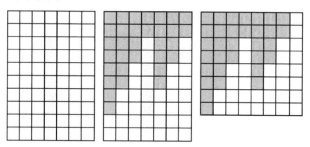

500. 所花车钱最少需要 13 元。

走法：A 村、3 元路线(1)、2 元路线(2)、4 元路线(3)、4 元路线(4)、B 村。
其他的走法都比这个需要的费用多。

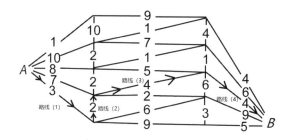